U0541493

莫斯科日记
柏林纪事

涵芬书坊
003

〔德〕瓦尔特·本雅明 著

潘小松 译

商务印书馆
The Commercial Press

Walter Benjamin
MOSKAUER TAGEBUCH
参照 *MOSCOW DIARY* (translated by Richard Sieburth, Harvard University Press,1986) 译出
BERLINER CHRONIK
参照 A Berlin Chronicle (translated by Edmund Jephcott, in *REFLECTIONS: ESSAYS, APHORISMS, AUTOBIOGRAPHICAL WRITINGS,* Harcourt Brace Jovanovich, Inc.,1986) 译出

涵芬楼文化 出品

中译本再版序言

潘小松

明毅兄找我商量再版旧译《莫斯科日记·柏林纪事》，我愉快地表示同意。

给旧译写新序，没有人规定必须，也少见译者全然无动于衷。至少校核了几处误植之类的话是该有的。

至于导读，我仍然觉得没有资格来写，因为到今天为止，我仍然没有读懂本雅明。会读《莫斯科日记·柏林纪事》的人，在文本的字里行间解读出很多东西，我则一如既往糊涂懵懂。

好在我读到了两篇很适合当《莫斯科日记·柏林纪事》"导读"的文章：一篇是罗罗的文章"关系的实质——从《莫斯科日记》看阿斯娅对本雅明的影响"；另一篇是王璞的文章"单行街上的游荡者——读本雅明《莫斯科日记》"。

罗罗认为本雅明与阿斯娅的关系是研究本雅明的学者必须面对的问题，要描述本雅明"皈依马克思主义"的过程，就必须回顾他与阿斯娅的爱情经历。罗罗引用写《本雅明传》的布罗德森的话说，"在一定程度上，阿斯娅在本雅明试图与一种社会现实建立精神联系的过程中是一个不可替代的中介"。

肖勒姆认为，从《莫斯科日记》中看不出本雅明所爱的这个女人智慧上有什么出众，"怎么这个女人一点学术轮廓都看不出"。我在旧译序中写道："我在读英文本的《莫斯科日记》时也有这种感觉，在那里面阿斯娅成天病歪歪的，只知道让本雅明给她买吃买穿……1929年和1930年阿斯娅两度前往柏林和法兰克福，本雅明为了她竟要离婚！"

罗罗说，肖勒姆是一个纯粹的犹太复国运动者，阿斯娅是拉脱维亚共产党。"肖勒姆可能看低了阿斯娅的话，那么潘小松对阿斯娅的不乏恶意的误解就让人费解了。因为，从《莫斯科日记》可以看出，阿斯娅本人的智慧和她的思想对本雅明的影响是极大且这种影响相当深远。"

下面的信息我也是在罗罗的文章里读到的。

1924年，本雅明在意大利的卡普里岛住了几个月，与阿斯娅相遇，对马克思主义发生兴趣。

阿斯娅的自传："一次我想去商店买些杏仁。我不知道意大利语'杏仁'怎么说，卖货的不明白我要什么。这时站在我旁边的男人说：'尊敬的女士，要我帮忙吗？''请帮帮我。'我说。"

"我的第一印象——眼镜闪出的光像小车前照明灯，又浓又黑的头发，小鼻子，笨拙的双手——他把纸包都掉到地上了。结论：一个抑郁的知识分子，还是有钱的。"

本雅明在1924年给肖勒姆的信中把阿斯娅称为一个杰出的女共产主义者。

他和阿斯娅一起为《法兰克福报》写《那不勒斯掠影》。

1925年10月，本雅明在里加拜访了阿斯娅。阿斯娅正忙着导演一部政治剧，有被逮捕的危险，没有心情招待他。

本雅明在《单行道》中记载了这次冷遇："没人期待我来，没人认识我。我孤独地在街上走了两个小时，此后再也没这样看这些街道。"

又说:"假如她用眼睛的火柴接触我,我也许会像一本杂志般灰飞烟灭。"

阿斯娅的名字出现在《单行道》。

"1926年秋季,当本雅明得知阿斯娅·拉西斯在神经失常后住进疗养院时,他无法掩饰自己的焦急,设法拿到在当时极不容易弄到的苏联签证,坐火车于12月6日赶到莫斯科,《莫斯科日记》就是他对从这一天到1927年1月31日离开为止的记录。"

1928年,阿斯娅来到柏林。"在柏林的杜塞尔多夫街,他们同居了差不多两个月时间。"本雅明陪她参加"无产阶级革命作家团"的活动。传记作家:本雅明要求与朵拉离婚,是阿斯娅起了决定作用,"在40岁以前有一个新的开始"。

"1929年,他甚至想接受阿斯娅的安排移民苏联。"这个计划最终失败了。阿斯娅在她的回忆录中,承认失败的原因是苏联当时需要的不是本雅明这样的文学评论家。

1935年,本雅明给阿斯娅的信中,还同她谈了自己的计划。阿斯娅于1936年被捕前夕写信给本雅明,试图重修旧好。"本雅明由于经济状况窘迫,无法响应。"

"1940年本雅明自杀前后一段时间,阿斯娅早已于1936年在哈萨克斯坦被拘留,长达十年。她的情人赖希也不断遭到流放和关押。"

阿斯娅与本雅明书信有的一直到1987年才全部发表。《莫斯科日记》在1980年才得以全文公开发表。

读过《莫斯科日记》的人,"都不能不为本雅明那种让人坐立不安的深情所打动"。莫斯科,"在我生活中的位置是这样的:我只能通过你来体验这座城市(1月18日)"。

"对本雅明来说,它就是一座阿斯娅之城,在这里,他分享着这个女人的一切情感和焦虑,虽然情况常常令人沮丧:'我们站在剧场前一个大广场的最热闹处。我内心的爱恨风雨般交加。最后互道了声再见,她在上出租车处,我仍在她身后,不知是跟着她好,还是不跟妙,一步步在她身后跳着。'(1月30日)"

王璞的文章"单行街上的游荡者——读本雅明《莫斯科日记》"也得读书三昧。

卢那察尔斯基1929年读了本雅明为《文学百科全书》写的"歌德"词条后写道:"它展现了作者相当的才华,见解也时常尖锐得惊人,但没得出任何结论……思想极不明确。"

王璞说:"我是在本雅明《莫斯科日记》附录里读到这段话的。也正是因为读了那本书,令我有了写作本文的冲动,好像终于发现了一把开门之钥一样,虽然用它不见得就能在那座迷宫畅行无阻,但或许可以进入其中某一房间了吧!"

王璞接着表示,《莫斯科日记》非常好读,非常世俗。"说来好笑,我首先注意到它的一个特点是:几乎每一篇日记都要详略不等地写到吃,比如说第一天日记就有两处:'在我房间吃了点东西','一顿不赖的午饭颇如我意'。"

王璞还引了如下内容表示欣赏:

12月11日:"为了不使东西受冻,他们给商品盖上羊毛毯,上面只陈列两三个样品。大量的食品是面包和其他烘烤面食,各种卷圈;点心店里有诱人的苹果馅饼。棉花糖的花样真是繁多。昨天下午我同阿斯娅在一家点心店里，他们卖杯装的攒奶油。阿斯娅吃了份带蛋白筒的，我则喝了咖啡。"

1月20日："巴舍斯基引诱我步行到特维尔斯卡娅大街，答应带我去一家妓女经常光顾的咖啡馆。在咖啡馆里没看见什么引人注目的，不过至少弄了冷盘鱼和螃蟹吃。"

1月29日："我不再记得我们谈了些什么了，唯一记得的是当我离开时，阿斯娅给了我一个吻。随后在阿尔巴特大街上的餐馆想弄点热的吃，却徒劳了。我点的是汤，他们上的却是两块奶酪。"

下面的信息和判断也是王璞先生的：

阿斯娅是本雅明莫斯科之行的主要理由。他生前出版的仅有的一两本书之一《单行街》就是献给她的。

"《莫斯科日记》展现了本雅明不为人知的、世俗的一面吗？这是我注意到他热衷于谈吃时的第一念头。"本雅明在别的著作里谈的大都是书啦、画啦、古董店啦、博物馆啦，诸如此类高雅的事物。莫斯科是他特别为之写了一本书的三大城市之一，另外那两个城市是柏林和巴黎。关于柏林，他写了两本书《柏林纪事》和《世纪之交的柏林童年》，关于巴黎的那本是《巴黎——十九世纪之都》。

"我想，《莫斯科日记》里之所以写了那么多的吃，是因为吃，的确是1929年至1930年莫斯科最重要的东西。"

有人说，由于逗留短暂，不懂俄文，本雅明看到的莫斯科其实只是阿斯娅和赖希的莫斯科。"不对，读这本日记我知道，即使如此，凭着他那超人的敏感和智能，他仍然从这个城市的面部表情上，把到了它的脉搏。向导徒有其名，旅人反客为主的事，我们不也曾经碰到过吗？"

关于《柏林纪事》，王璞先生的解读是：

在柏林，他看到的是动物园、各种楼堂馆所、青年团会场、妓院、通往学校的道路、墓地、咖啡馆、网球场、大礼堂……这都不奇怪，令人惊异的是现实中的这一切都被当作浮光掠影，成为一场场梦的点缀。中间穿插着书里面的冒险故事。这样，城市变成了一个巨大的背景，那些街道、长廊和房屋变成了通向这个迷宫的信道和标志。"这些信道在生活最不同的阶段总是把我们引向朋友、叛徒、爱人、学生或老师那儿。"(《柏林纪事》)

"换句话说，柏林无论在他童年记忆中，还是在他的想象中，都带着迷宫的性质。可以供他在里面幻想和迷失。"

巴黎就不同了，"巴黎教会了我迷路的艺术：它圆了我一个梦，这个梦在学校作业本污渍斑斑的纸页上的迷宫里早就露出端倪(《柏林纪事》)"。

在莫斯科，人家却要他目的地明确，非左即右，非此即彼，这是一个不充许迷路的城市，"此路不通"的标牌后面往往就是死亡陷阱。

"在电影或舞台上表现悲剧性的爱情纠葛会被视为反革命宣传，社会问题喜剧还有存在的可能性，其讽刺的对象基本上是新生的资产阶级。"

"有个解说员，我们听到的每个展品上都是所示卡片上已经说明了的东西。"

在一所教堂，"先步入的是宽敞的前厅，周围有几幅圣徒的画像。管理这教堂的女人似乎想怎么地就怎么地。教堂里很昏暗，昏暗的灯光使人感觉鬼鬼祟祟的。在这样的房子里似乎可以培养最肮脏的勾当，甚至大屠杀"。

只有跟食物有关的景物闪灼点点奇异色彩，关于食物的景象是这城市最引人注目的表情：

"在阿赫特尼路上有一奇观：女人们手拿一块垫着草的生肉站在那儿，向过路人兜售，有的则拿着鸡或类似的东西。她们是没有执照的摊贩。当执勤人员出现时，她们拿起东西就跑。"

"经常可以穿行拱廊街来到国营商店跟前：排队买黄油和其他生活必需品。商店不计其数，买东西的人则更多，而所能供应的全部东西无非是一篮苹果、橙子或花生。"

王璞先生指出：在这样的地方迷路也无乐趣可言。莫斯科这个想象中天堂般虚幻的地方，却如此的世俗；寻找小食店成了在这个城市游荡的最大乐趣和目标之一。从那里遥看巴黎那个在巴尔扎克笔下纸醉金迷的城市，反而带上一层诗意光彩。

王璞认为，凭着本雅明对空间自由的敏感，莫斯科没有成为他展开"思想的背景"，只成了他那条单行街上的一贴标题，一段最大的章节，一个最多玄机的隐喻。虽有一份爱情作点缀，仍显得色彩贫乏。"我发现自己面对着一座不可攻克的堡垒。然而我对自己说，我在这座堡垒——莫斯科面前出现就已算是最初的胜利了。"

在《莫斯科日记》里，一切都倒转了，像一个快步疾行的人突然慢了下来，"踉踉跄跄走路了"。而且是一种醉汉式的踉跄，一般意义上的大事他三言两语带过，衣食住行的琐事倒写得具体而微。

王璞接着说：《莫斯科日记》就是一场酒后的漫步，妙言警句从有关食物、衣着、住所的琐碎描写中偶尔闪露。可是在这些偶尔闪露的妙语中还是看得出那位在单行街东张西望游荡者的身影,"他的啰嗦是为了沉默,他的踟蹰是为了拐弯,他终于没有进入那座堡垒,那个赛场,也没能进入观众的视野"。在其他作品中他那样一往无前,"而在《莫斯科日记》里,他是从后面向前遥看的"。

我觉得罗罗和王璞的文章都当得《莫斯科日记·柏林纪事》的导读。他们的文章较长,可惜我只能断章取义。他们虽然通过我的译本读"日记"和"纪事",但对本雅明的体会远非我这个译者所能及。译者在此特别申谢。

还要特别表示感谢的有三个人:一位是促成旧译再版的王明毅兄。没有他的赏识,旧译无机缘再版。另两位是责任编辑魏丹和李红燕。没有她们的辛勤劳动,新版不会如此让读者感觉赏心悦目。

2011 年 5 月 11 日
草于宣南小同文馆之大案

译 序

潘小松

西方现当代哲学家在中国真是受到非常的礼遇，他们的知名度高得有点莫名其妙。比如说本雅明（Walter Benjamin，1892-1940 年），其实没有多少读者能真正读懂他（包括从事德语文学研究的德国本土教授），却常有人提他。我自己也遇到这种尴尬。我几年前曾以《卡夫卡般孤独的批评家》为题写过动态，介绍他的日记在国外出版的情况，及至朋友来问我本雅明的理论到底是什么，我却无言以对。

海德格尔的情人汉娜·阿伦特说，本雅明"学识渊博，但却不是学者；他研究文本及注释，但却不是语言学家；他翻译普鲁斯特、圣-琼·佩斯和波德莱尔的作品，但却不是翻译家；他对神学颇有兴趣，但却不是神学家；他写文学评论，但却不是文学批评家"。[①]本雅明的朋友肖勒姆和他的中国知音刘象愚都说他是纯粹的哲学家。好吧，让我们来看看瓦尔特·本雅明这位德国哲学家写的《莫斯科日记》是怎么回事。

1926 年 12 月 6 日到 1927 年 1 月底，本雅明在莫斯科待了两个月。导致他成行的有三个因素：首先，他不能忘怀昔日在意大利卡普里相遇的情人、拉脱维亚女导演阿斯娅·拉西斯；其次，他想近距离观察俄罗

[①] 见刘象愚为中文本《本雅明文选》写的前言《本雅明学术思想述略》，1999 年 8 月中国社会科学出版社。

斯的情形，以便考虑久悬未决的德国共产党党籍问题；最后，他要为提供川资的报纸写报道。《莫斯科》等长文于1927年初发表。《莫斯科日记》是本雅明去世后四十年才发表的，这显然是他自己的意愿。

本雅明满心希望为俄国文学贡献自己的德国文学和文化知识，然而他所看到的苏俄现实却令他大失所望，终于不再抱幻想。《莫斯科日记》对前苏联政治、经济、文化艺术、宗教等方面都有坦率的批评。

《莫斯科日记》的另一核心内容是本雅明自己和阿斯娅的尴尬关系。阿斯娅此时已另有男人（德国导演伯恩哈德·赖希）。在死前出版的回忆录《职业革命家》里，阿斯娅用了一个章节写本雅明。据说她的回忆录与本雅明的《莫斯科日记》大有出入。

本雅明1924年5月在意大利卡普里初遇阿斯娅。阿斯娅是本雅明生活中第三个起到重要作用的女人。然而，肖勒姆说，《莫斯科日记》看不出他所爱的这个女人智慧上有什么出众。我在读英文本的《莫斯科日记》时也有这种感觉，在那里面阿斯娅成天病歪歪的，只知道让本雅明给她买吃买穿。本雅明写她住精神医院，但却只字没提她到底得的什么病。日记里大抵写他俩在她的病房，只有几次在他旅馆的房间。拉西斯此前生的孩子已八九岁，也是一副病病歪歪的样子。本雅明徒劳地追逐阿斯娅，日记里经常出现争吵的场面。朋友们都很奇怪：这对情人除了吵架好像没有什么交流。1929年和1930年阿斯娅两度前往柏林和法兰克福，本雅明为了她竟要离婚！

《莫斯科日记》当然不止这些。就我阅读所及，本雅明在日记中对戏剧表演、建筑艺术、城市风俗、俄罗斯宗教、饮食、衣着诸多方面都发表了自己的见解。另外，他的《莫斯科日记》对研究斯大林时期的文学艺术（哪怕是为政治服务的）史来讲，也是一份详尽的史料。

关于《柏林纪事》我不想再多说什么了，因为它的个人色彩太浓，是本雅明式（卡夫卡式？）的回忆录，讲的是他少年时代柏林及他家庭的情形。这本书是本雅明在"不惑"之年写的，有许多牢骚和情绪，有些笔触还很晦涩。

我想，向读者交待一下本雅明的生平还是必要的。

本雅明1892年7月15日生于柏林一个犹太商人家庭。祖母与海涅是姑表兄妹。二十岁之前主要在恺撒·弗里德里希学校（从前译作腓特烈—伊顿公学）受教育。这一段经历是《柏林纪事》对旧式教育的牢骚之主要源头，本雅明矛头直指"现代化的合理主义与普鲁士传统的等级制、军国主义以及宗教伦理等权威制度……在本雅明眼中，柏林旧式的建筑就像是这些旧制度的象征，构成了他少年时代的社会氛围"。[①]

1912年，本雅明入弗赖堡大学。他的学习方法独特，广览书籍，从不参加考试。他还参加学生运动，担任过柏林自由学会会主席，积极从事"青年文化运动"。这一时期结识了主张弘扬犹太传统并从事犹太复国主义运动的肖勒姆。[②] 1916年，本雅明入慕尼黑大学，依然以自学为主。1919年通过博士论文《德国浪漫派的艺术批评概念》并获相应学位。20年代前期，本氏向海德堡大学和法兰克福大学申请教授资格未成功，日后资格论文《德国悲剧的起源》倒成为他最重要的著作。1925年起卖文为生，随后流亡巴黎，1926年访莫斯科。其间修订《追忆逝水年华》译稿，为《文学世界》撰写书稿。1928-1933年，本雅明在柏林和法兰克福电台任记者兼撰稿人。1933年3月中旬，希特勒上台不久，本雅明离德赴巴黎和西班牙、丹麦、意大利等地流亡八年，其间完成论波德莱尔、卡夫卡等重要论著。1940年9月26日，为避盖世太保，本雅明

[①] 刘北成著《本雅明思想肖像》，上海人民出版社1998年4月版，第3页。
[②] 见《莫斯科日记》附录书信。

在法西边境自杀。"本雅明怀着巨大的思想矛盾与痛苦过早地离开了人间。他短暂而坎坷的一生既刻上了个人悲剧命运的印记，也刻上了他那个多难而忧郁的时代的印记。他为后人留下了一笔宝贵的精神财富。"[1]

关于本雅明的学术思想和代表性论著不是译者笔力堪述的，有兴趣的读者不妨找他的主要著作读读，这里就不谈了。

译者要感谢东方出版社刘丽华为此书的编辑所付出的辛勤劳动。另外，没有她的鼓励，译者也不敢译本雅明的文字。《莫斯科日记》和《柏林纪事》皆由英文转译。注解除注明外均为英译者原注。

是为译序。

2000年5月15日夜
于"我家园"灯下

---

[1] 刘象愚著《本雅明学术思想述略》，载陈永国、马海良编《本雅明文选》，中国社会科学出版社1999年8月版，第39页。

目 录

中译本再版序言（潘小松）/ 001
译序（潘小松）/ 009

莫斯科日记

序言（格什温·肖勒姆）/ 003

莫斯科日记 / 009
    附录一　俄罗斯玩具 / 165
    附录二　自序 / 167
    附录三　本雅明书信选辑 / 169

后记（盖里·史密斯）/ 181

柏林纪事

柏林纪事 / 197

莫斯科日记[①]

① 本雅明将手稿最初的抬头"莫斯科日记"抹了去,在旁边写上"西班牙之旅"。不知后加的抬头(也许是许多年后加的)是出于政治原因、还是个人安全的考虑。或者是想把他的莫斯科经历形象化,抑或自家用了个文学典故。

序　言

格什温·肖勒姆

瓦尔特·本雅明的日记涉及他在莫斯科两个月的逗留（1926年12月6日-1927年1月底）。就我所知，这是他文稿中较独特的一种。这本日记绝对坦率并且坦率得无情，无疑是他生活转折时期最个人化的文件。他也曾记过别的日记，但往往是几页后就中断了，那些日记留存至今的无一堪与此记相比，连1932年（他彼时正考虑结束生命）所记很个人化的断想也无法与这本日记相比。

这本特立独行的日记涉及他生活中关键的一个时期，并且绝对未经审查，首先是未经自我审查。已知他个人所有通信往往采取一条路线，甚至可以说是一种党派倾向；无论写信给谁，他都会考虑到这一点。这些书信缺乏只有诚实并无限制地面临自我估价才会出现的特别的一面。这本日记里所表达的东西在他的写作中从未特别阐述过。当然，在格言警句式的暗语里，他也不时暗示过这些东西，但所指仍小心谨慎，"消过毒"，经过自我审查过程。然而，这本日记却以详细的原始背景出现，这个背景是他留下的几封写自莫斯科的信——一封是给我的，——一封是给朱拉·拉德的——绝对没提到的。

本雅明去莫斯科有三个原因。首先出于他对阿斯娅·拉西斯的激情；其次是他想近距离观察一下俄罗斯的局势，也许甚至可以与它建立某种官方联系，从而解决他在德国共产党内的党籍问题，这个问题他已掂量了两年多。还有一个原因就是出行之前承诺的文学义务，有人委托他写莫斯科及其居民述状；简言之，就是给莫斯科"相个面"。毕竟，他的川资部分源自莫斯科纪行的预付稿酬，他同意日后交稿。1927年初发表的四篇东西就是这些协议的直接产物，特别是那篇长文《莫斯科》，他曾与布伯讨论过此文，文章就发表在后者编的《创造者》杂志上。这篇文章便是这本日记里所记东西的重写，其中相当部分源自原始日记。日记令人诧异的是其叫人难以置信的精确，其观察与想象力竟结合得这样紧凑。

这本日记的一部分生动地描述了作者结果是徒劳的企图：他想与苏联文艺生活的代表人物乃至与之有关的官方人物建立卓有成效的关系。他之所以失败，是因为意图将这些关系巩固成能让他当通讯员的关系；在这个位置上，他就能为俄罗斯出版物写德国文学和文化方面的东西了。还有一大部分是详细铺陈自己是否应该加入德国共产党。掂量的结果是决定不加入。他清楚地认出了界限；他不愿迈过界限。

本雅明对他与莫斯科文学界关系的预期是乐观的，而现实中等待他的却是失望；这一前一后形成鲜明对照。他的乐观在1926年12月10日给我的信中表现得很明显，当时他刚到莫斯科四天。此信从未发表，现在我将它收在此编的附录里。更重要的是，这是他从莫斯科写给我的唯一信函。他的所有期待结果是什么，我们可以从这本日记里知详端底。尽管这个过程是渐进的，但并不少泄气；他幻灭了。

本雅明自己对莫斯科经历的评估可以从他回来三个星期后（1927年2月23日）写给马丁·布伯的信中精确推断。他在此信中宣布他的"莫斯科"文章即将完成。我似乎觉得本雅明的总结值得摘引如下："我的话不会有任何理论。我希望以这种方式能让'作品'自己说话。因为我已成功掌握了这种非常新的没有倾向的语言；这种语言往往能响亮地回应完全转变了的语境的假象。我想给目前的莫斯科作一个描述；在这个描述里，'所有事实已然是理论'，因此可以免于演绎抽象，免于任何预测，甚至在一定的范围里免于任何判断——这些我绝对坚信不可能是在精神上的'数据'之基础上形成的，而只能形成于经济上的事实之基础。很少有人（即便是在俄国）对此有足够的广泛的把握。就目前而言，莫斯科以蓝图的形式展现了各种可能性：首先是革命本身也许成功也许失败。不管是成功还是失败，结果都不可预料，其情形将远不同于人们为未来所画的蓝图。那里的人民和他们的生活环境已明显表现出这种迹象，一点也不掩饰。"

对目前的读者来说，这话是浓缩的现实，以前在日记中只有胚胎，尚不成形。他接触到的所有人（不知他意识到与否，他们清一色都是犹太人）属于政治或艺术上的反对派——那时多少还能区分两者。就我能对他们的命运所做的追踪，无论是托洛茨基派或其他什么派，迟早成为斯大林时期的牺牲品（一旦政权巩固）。连他的朋友阿斯娅·拉西斯在斯大林"清洗"之初都被迫在劳改营中度过许多年。此外，本雅明越发意识到许多最亲密的朋友或出于恐惧或出于世故都采取机会主义的态度，这是他不能无视的；这终于导致严重冲突，包括跟阿斯娅·拉西斯。

伯恩哈德·赖希是很有学识的导演（曾执导于柏林德意志剧院），

阿斯娅·拉西斯的伴侣（在她晚年时他还愿娶她）。他同本雅明的关系虽紧张，但对本雅明的莫斯科活动帮助更大，在学术上也更能为本雅明提供指导。日记表明，赖希的关系网也比拉西斯大。不过，到1927年1月，本雅明同赖希的关系已近破裂——一种尽力掩饰的决裂。

这本日记的核心无疑是本雅明与阿斯娅·拉西斯（1891-1979年）那问题不断的关系。几年前她出了本回忆录《职业革命家》，其中有一章是写瓦尔特·本雅明的。对读过那个章节的读者来说，这本日记会令其不快并沮丧、吃惊。

本雅明1924年5月在卡普里初遇阿斯娅·拉西斯。在他从卡普里给我的信中他每提到她往往不指其名，而称之为"来自里加的拉脱维亚布尔什维克""对迫切需要激进的共产主义有着透彻的见地"。本雅明称她为"来自里加的俄国革命者，我所见过的最杰出的女子之一"。从这一刻至少直到1930年，阿斯娅无疑对他的生活有着决定性的影响。1924年他们一起在柏林，1925年一起在里加；在去莫斯科之前也许还在柏林一起待过，他去莫斯科主要也是为了见她。她是继朵拉·凯尔纳和朱拉·科恩〔一拉德〕之后第三个在他生活中有过核心重要位置的女人。本雅明对她的迷恋与她对本雅明学术上的强有力影响有关。这一点从《单行道》的题词可以看出："这条街被命名为阿斯娅·拉西斯街，这位工程师通过作者之手铺就了这条街。"然而这本日记却没有让我们见识这位他爱的女人学术的一面。这本日记所叙述的是从头到尾的沮丧求爱，以及作者追求她的急切。从他到莫斯科直到临离开，阿斯娅一直生病住在精神病院，但我们对她的病状一无所知。他俩见面大抵是在她的病房里，只有几次在本雅明的旅馆。她与前伴侣生的女儿（估计八九岁光景）也身体不好，被安排在莫斯科郊外的儿童医院里。阿斯娅·拉西斯因此很少参加他积极从事的活动。她只是友好地倾听本雅明对各种活动的叙述。她是本雅明难以捉摸的追求对象，最终还是充满敌意较量的争论对手，还经常是如此。多少次白等阿斯娅赴约，多少次被她拒绝，她在一定程度上表现出的对性的玩世不恭——这一切都令人沮丧地详细记录于这本日记，更让人觉得奇怪，怎么这个女人一点学术轮廓都看不出。亲见过本雅明与阿斯娅·拉西斯相处的人都有这种印象并将这种印象转告了我；真是奇怪，这对恋人除了吵架什么都不干。这是在1929年和1930年，当时她来到柏林和法兰克福，本雅明正在为她而闹离婚！这个谜的一部分仍悬而未解；不过，事实上这种情况发生在本雅明这种人的生活里也完全恰如其分。

1980年2月1日
耶路撒冷

莫斯科日记

12月6日

我是12月6日抵达（莫斯科）的。在火车上我就心里想着一家旅馆的名字和地址，以防车站上没人等我。（在边境他们让我花额外的钱坐头等车厢，说是二等车厢没座位了。）没人看见我从卧铺车厢出现，我于是松了口气。不过，站台门口也没有人等我。我没怎么不高兴。当我走出"白俄罗斯—波罗的海"火车站时，赖希[①]出现了。火车准点到达，一秒钟也没耽搁。我们坐进雪橇，把两个箱子也放在雪橇上。当天冰雪有些融化，天挺暖的。才上路几分钟，在泥雪铺地的特维尔斯卡娅宽道上行走，看到阿斯娅[②]在街的那一边向我们挥手。赖希下了雪橇，步行走向旅馆，好在剩下的路不长。我俩则坐雪橇。阿斯娅戴着俄罗斯皮帽看上去并不美丽狂放。成天赖在床上，她的脸显得有点松弛。我们在旅馆稍待了会儿，然后在精神

[①] 伯恩哈德·赖希（Bernhard Reich，1894-1972年），剧作家、导演兼批评家。原籍奥地利，20年代中期成为苏联公民。用俄文写过《布莱希特》（莫斯科1960）。其回忆录分别以德文和俄文发表于1970年和1972年。他是阿斯娅的生活伴侣。

[②] 阿斯娅·拉西斯（Asja Lacis，1891-1979年），拉脱维亚女演员兼戏剧导演。1924年夏，本雅明初遇她于卡普里（意大利）。她曾发表回忆本雅明和布莱希特等人的文字。因《德国的革命戏剧》一书被关押15年，直到斯大林去世。

病院①附近的一个所谓点心店喝茶。我告诉她布莱希特②最近的情况。随后，阿斯娅（休息期间溜走的）从侧门回到精神病院，以免引起注意；赖希和我则走主台阶进去。在这里，第二次碰上脱长统靴的习俗。第一次是在旅馆，尽管不比存放行李更费事。他们答应当晚给我们一个房间。阿斯娅的同屋不在，那是个重手重脚的纺织工人。第二天我才头次见到她。到了这里，我们头一次有了几分钟单独在一屋檐下的机会。阿斯娅深情地看着我。让人想起里加那次决定性的谈话。随后，赖希陪我回到旅馆，在我房间里吃了点东西，接着去了梅耶霍尔德剧院③。这是第一场着装彩排《钦差大臣》④。尽管阿斯娅帮我想办法，还是没弄到票。于是，我只好在特维尔斯卡娅大街上朝克里姆林宫方向漫步了半个小时，然后走回来，一路仔细地拼读商店的牌匾，小心地走在冰上。随后感觉很疲倦（很可能是不高兴），于是回到房间。

　　7日早晨，赖希来找我。日程：彼得罗夫卡（去警察局登记），卡梅涅娃学会⑤（花1.5卢布在文化研究所弄个席位；还同一个彻头彻尾的笨蛋、当地的德国代理谈了），然后取道赫尔岑大街前往克里姆林宫，途经列宁墓，再去堪称风景的圣伊萨克大教堂。取道特维尔斯卡娅大街返回，沿特维尔斯卡娅大街到赫尔岑之家⑥，无产

---

① 1926年9月，拉西斯因精神崩溃住在高尔基大街附近的罗特精神病院。
② 据拉西斯的自传，本雅明是在莫斯科之行前在柏林见到布莱希特的。大多数学者则认为本雅明和布莱希特初次会面是1929年5月在柏林（拉西斯安排的）。
③ 梅耶霍尔德（Vsevolod Emilevich Meyerhold，1874—1942年）剧院建于1923年。
④ 梅耶霍尔德导演的果戈理《钦差大臣》仅彩排就进行了一年半。
⑤ "全苏对外文化关系协会"的别称。从1925—1929年，托洛茨基的妹妹奥尔嘉·卡梅涅娃（Olga Kameneva，1883—1941年）担任其会长。
⑥ 赫尔岑之家，以作家亚历山大·赫尔岑（Alexandr Herzen，1812—1870年）的名字命名，是这一时期"全苏无产阶级作家协会"聚会之所。

阶级作家组织VAPP①总部所在地。一顿不赖的午饭颇合我意，想想我在冷天漫步耗去的气力！有人向我介绍柯冈②，此人大谈他的罗马尼亚语法和俄语罗马尼亚语词典。走很远的路散步时，赖希会讲些我懒得用两只耳朵听的故事。那些故事真是没完没了，生动活泼，充满轶闻趣事，很具体、很尖锐，也很有趣。比如说财政部一官僚的故事：他在复活节去度假，做弥撒时扮演主教的角色。又比如说给一个女裁缝定罪的故事：她把酒鬼丈夫打死了；死鬼丈夫曾在街上袭击一对男女学生。又比如斯坦尼斯拉夫斯基把《白卫军》剧本③搬上舞台的故事：剧本是如何提交审查委员会的。只有一位审查老爷看了看就还了回来，建议做些修改。几个月后，必要的修改完成，彩排给审查老爷们看，禁公演。斯坦尼斯拉夫斯基致斯大林：我被毁了，我的所有资本都被套在那戏里了。斯大林决定："这出戏没有危险。"于是首次公演，遭到共产党人的抗议，民兵把抗议者挡在老远的地方。接下来是伏龙芝案件④的核心故事，那部写此故事的中篇小说。据说是违背他的意愿而按照斯大林的命令……还有政治新闻：反对党成员不再担任要职。类似的情形：无数犹太人不再任中层职位。乌克兰的反犹太主义。——从VAPP出来，精疲力尽，我独自朝阿斯娅处走去。很快一伙人聚集过来。一位拉脱维亚妇女来

---

① 1920年成立的"全苏无产阶级作家协会"的缩写。

② 彼得·谢苗诺维奇·柯冈（Petr Semenovich Kogan，1872-1932年），批评家兼文学史家，圣彼得堡和莫斯科大学"小说和日耳曼语义学"教授，自1921年艺术研究院成立起即任其院长。

③ 即《土尔宾一家的命运》，由康斯坦丁·斯坦尼斯拉夫斯基（Konstantin Stanislavisky，1863-1938年）从米哈伊尔·布尔加科夫（Mikhail Bulgakov，1891-1940年）的小说《白卫军》（1924年）改编成适合舞台上演的剧本。

④ 米哈伊尔·V. 伏龙芝（Mikhail V. Frunze，1885-1925年），将军兼党的高级官员，后任战争与海军部部长。本雅明所指为鲍利斯·皮利尼亚克著《不灭的月亮的故事》，发表于1926年第五期《新世界》上。

到床上紧挨她坐下,随后肖斯塔科夫①和他的妻子也来了。肖氏夫妇为一方,阿斯娅和赖希为另一方,就梅霍尔德导演的《钦差大臣》用俄语展开了激烈的争论。大家一致的看法在于他使用丝绒和绸缎作演出服的面料,这十四套服装都是为他妻子②准备的。更甚的是这场表演进行了五个半小时。吃过饭后,阿斯娅来到我的房间;赖希也在场。临走前,阿斯娅谈了她的病情。赖希陪她回精神病院,然后转回来。我躺在床上——他则想工作。不过,没多久他就自己打断了工作。我们谈论此地和德国知识分子的情形,谈论两国当代写作技巧。这些话题引向赖希对入党问题的保留态度上来。他强调党对文化事物的反动倾向。战时共产主义时期证明有用的左翼运动现在完全被抛弃了。无产阶级作家被承认还是最近的事(尽管有托洛茨基的事)。同时,这些作家也明白什么事也别指望得到政府的支持。然后我们谈到列列维奇案件③——反左翼文化阵地所采取的步骤。列列维奇写过一篇关于马克思主义文学批评方法的论文。——在俄国,他们给极轻微的政治立场加上极端的分量。在德国,一般的模糊的政治背景就足够了,虽然起码要求做到这一点。——俄国的写作方法:一个论点的泛泛阐述,假如可能,再不往下写。公众的文化程度是如此之低,公式仍然令他们不解,而且这种不解不可避免。与之形成对照,在德国,唯一要求的是:结论。没人关心你是如何得出结论的。所以,德国报纸给记者的版面是极有限的。在此地,五六百行的文章并不稀奇。类似的讨论进行了很久。我的房间暖气很足,也很宽敞,待着真不错。

---

① 维克多·A. 肖斯塔科夫(Viktor A.Chestakov, 1898—1957年),1922—1927年间任"革命剧场"舞台总设计,随后在梅氏剧院工作至1937年关闭。

② 齐娜伊达·赖赫(Zinaida Raikh, 1894—1939年),常在梅氏导演的戏中扮主角。

③ 戈里高里·列列维奇(Grigory Lelevich, 1901—1945年),拉波里·吉列列维奇·卡尔曼森的笔名,诗人、批评家,《在岗位上》杂志的编者之一,该杂志1923—1926年间共出六期。列列维奇1945年被开除出党,死于劳改营。

12月8日

阿斯娅早上来串门。我把礼物拿给她,并急匆匆地献上我题好词的书①。我还把斯通②设计的护封拿给她看(并给了她)。此举很让她开心。随后,赖希来了。我跟他去国家银行换钱。在那儿我们同纽曼的父亲做了短暂交谈。12月10日③。取道新建的拱廊街到彼得罗夫卡。拱廊街里有瓷器展览,可赖希只知道往前走。在"利物浦饭店"所在的那条街,我第二次看见那些点心店。(我在此插入第一天听到的托勒④访问莫斯科的故事。他受到的是令人难以置信的盛大欢迎。整个城市布满了告示说他来了。还为他提供了一帮助手、翻译、秘书、美丽的女人。他要讲些什么都会公布。然而,"第三国际"此时正在莫斯科开会。魏纳⑤,托勒

---

① 指《单行道》(Einbahnstrasse),1928年柏林Rowohlt版。本雅明给拉西斯的题词为:"这条街被命名为阿斯娅·拉西斯街,这位工程师通过作者之手铺就了这条街。"

② 萨莎·斯通(Sascha Stone,卒于1939年?),出生在俄罗斯的时装兼广告摄影师,20年代在柏林很有名。斯通曾在巴黎学习雕塑和绘画,后在柏林开了家摄影画廊。1933年逃往比利时。《单行道》初版护封上的照片设计系他所为。他还为朱拉·拉德雕塑的本雅明头像摄影。

③ 原文如此。——译注

④ 恩斯特·托勒(Ernst Toller,1893-1939年),1919年成立的短命的巴伐利亚苏维埃共和国领导人之一。20年代苏联舞台上经常上演他的戏剧。1926年3月至5月间,他在莫斯科。

⑤ 魏纳(Paul Werner),保罗·弗罗里希(Paul Frölich,1884-1953年)的笔名。1926年3月30日在《真理报》上发文攻击托勒。六天后托勒致函编者回应。

的头号敌人正是德国代表团成员之一。他要求《真理报》发表一篇文章,或者是他自己写了一篇文章,说:托勒已背叛了革命,对日耳曼苏维埃共和国之一的垮台负有责任。《真理报》加了个简短的编者按:对不起,我们当时一无所知。于是,托勒在莫斯科成了不受人欢迎的人。他来到原定大范围公开讲演的礼堂——礼堂的门却关闭着。卡梅涅娃学会通知他:对不起,礼堂另有他用。忘了打电话给他了。)中午回到 VAPP。一瓶矿泉水一个卢布。随后,赖希和我去造访阿斯娅。为了安慰她的情绪,赖希不顾她和我反对,安排了一场多米诺骨牌游戏,在精神病院的娱乐室里。坐在她身旁,我感觉自己是雅各布森①小说中的一个人物。赖希同一位有名的老共产党人下象棋,这个老人在战争(或在内战)中失去了一只眼睛;像许多没死的旧时共产党人一样,他完全灯枯油尽了。阿斯娅和我刚回到她房间,赖希就来了,要陪我去格拉诺夫斯基②那儿。阿斯娅送我们到特维尔斯卡娅大街。我在一家点心店里给她买了些土耳其甜食哈尔瓦,然后她便返回。格拉诺夫斯基是里加的一位拉脱维亚犹太人。他创作了一部反犹太式的讽刺喜剧(从外表看如此),有点闹剧色彩,有点反宗教,有点戏仿俚语轻歌剧。他的作派绝对西化,对布尔什维主义有点愤世嫉俗的看法,谈论主要围绕戏剧和钱转。话题转到住房上来。这里公寓的价格是按平方米来计算的。每平方米的价格占房客薪水的一定比例。此外,如果超出分配给每个人的十三平方米,租金和取暖费便按三倍的价格收取。我们系不速之客,所以没有正经晚饭吃,只好吃点凑合冷饭。在我房间里赖希谈了谈《百科全书》③的事。

① 也许是丹麦小说家雅各布森(Jens Peter Jacobsen,1847-1885 年)。
② 亚历山大·格拉诺夫斯基(Alexandr Granovsky,1890-1935 年),莫斯科犹太学院剧场导演。《本雅明全集》里能找到 1928 年谈格氏的文字。
③ 在去莫斯科之前,本雅明应邀(也许是赖希举荐的)为《苏联百科全书》撰写"歌德"词条。

12月9日

早上阿斯娅又来了。我给了她几样东西,然后一起去散步。阿斯娅讲的是关于我的话题。我们回到"利物浦"。我回到自己的房间,赖希已经在那儿了。我们各自工作了一个小时——我干的是歌德词条的撰写。然后去卡梅涅娃学会请他们把我的房租减少点儿。接着去吃饭。这次不在 VAPP,饭钱真够可以的,尤其是那红菜汤。然后回"利物浦"去见和蔼的店主、一位拉脱维亚人。今天摄氏十二度。午饭后我感到精疲力尽,不能像原打算的那样步行去列列维奇家了。开车去路很短。经过一个大花园或公园,到处都是住宅。一路到头,迎面一幢黑白相间的木房子,列列维奇的公寓就在二层。走进房间时碰见别兹门斯基[1],他正向外走。一架陡峭的木梯子,门后面就是厨房,正烧着火呢。门厅那儿挂着几件外衣,经过一间显然也用作早餐室的房间,就进了列列维奇的书房。他的外表很难描述。很高,穿一件蓝色的俄罗斯束腰外衣。几乎一动都不动(再者,小屋里挤满了人,他只好坐在写字台前的椅子上)。最令人好奇的是他的长脸,显然一点也不做作,额头也很宽。他的脸颊也比别人长,除非是那位残废的格罗米尔[2]。他显得非常平静,但让人感觉这是一种疯狂

---

[1] 亚历山大·伊里奇·别兹门斯基(Alexandr Ilich Bezymensky,1898-1973年),诗人兼社会活动家;1926年时与列列维奇一样属于 VAPP 内部同一文学派系。

[2] 雅各布·格罗米尔(Jakob Grommer,1879-1933年),俄罗斯人,曾在德国学习数学,给爱因斯坦当过十年助手。他脸部的残疾系肢端肥大症所致。

而挠心的沉寂。他向赖希提了几个关于我的问题。屋子的那一边在床上坐着两个人,穿黑色束腰外衣的人年轻英俊。在他离开之前,只有几个文学上的反对党成员聚集在这里。他正被调离,一开始命令他去新西伯利亚。"你所需要的,"他们对他说,"不是活动空间有限的城市,而是整个政区。"然而,他得以避免此运,现在他们把他派往("受党的派遣")萨拉托夫,离莫斯科二十四英里,还不知道是去当编辑,还是去国营生产合作社当销售员或者别的什么。他的妻子大抵是在另一间屋子接待别的来访者——她是个表情丰富的女人,但言语动作还算协调,小巧玲珑,典型的南方俄罗斯人。她将陪伴丈夫去度过头三天。列列维奇有着狂热分子的乐观:他惋惜明天不能去听托洛茨基代表季诺维也夫向共产国际发表演说,声称党就要转向了[1]。在过道上告别时,我请赖希代我转达友好之意。然后我们去阿斯娅那儿。也许这时才玩多米诺骨牌的。晚上赖希和阿斯娅都想来我这儿。然而,就阿斯娅来了。我送了她礼物:短裙,长统袜。我们聊天。我发现她基本没忘我们之间的事。(那天下午她告诉我她以为我那时情况不错,说我经历一场危机是不确切的。)她走之前,我给她读了《单行道》里关于皱纹的那一节[2]。然后我

---

[1] 列昂·托洛茨基(Leon Trotsky,1879-1940年)、戈里高里·季诺维也夫(Grigory Zinoviev,1883-1936年)和列夫·卡梅涅夫(Lev Kamenev,1883-1936年)是斯大林对立面的三个首要分子。1929年托氏被放逐。

[2] 这段文字据埃德蒙·杰夫科特(Edmund Jephcott)的英译,译文如下:"爱一个女人不仅意味着与所爱女人的'缺点'相连接,也不仅意味着与她的异想天开和弱点相连接。她脸上的皱纹、斑点、不整的衣衫和不匀称的步子会比任何美丽的东西更持久更无情地牵制你。人们久已知道这一点。为什么会这样?因为感觉不是头脑中产生的。我们不是在头脑里感知窗户、云彩、树木,而是在我们看见它们的地方感知。假如这个理论正确,那么在我们看待自己所爱的人的时候,我们的感觉也在身心之外,紧张和陶醉一阵是有的。我们那晕眩了的感觉在爱人的光彩中像一群鸟儿扑腾着翅膀。鸟儿是在茂密的树叶中寻找庇护的,人的情感则在所爱之人的皱纹、不雅的举动和明显的瑕疵里躲着,那是安全的藏身之所。过路者不会想到正是在这瑕疵和可挑剔之处,躺着飞射的爱的箭头。"

帮她穿上长统靴。午夜前后赖希来时我已睡了，他要我次晨告诉阿斯娅某个确切的消息。他已准备好搬家。跟他同住的是个疯子，本来生活安排就难，加上这就更难了。

12月10日

早上我们去看阿斯娅,因为早上不许探视,我们只在大厅里同她谈了一会儿。碳酸浴后她很(疲倦)。这是她第一次洗碳酸浴,对她大有好处。接着去卡梅涅娃学会。我需要的减房租手续应该准备好的了,但却没有。另一方面,在休息室里有机会同一群闲待着的先生和年轻女子极广泛地讨论戏剧问题。明天卡梅涅娃将亲自接待我。他们给我找了今晚的戏票,不幸的是没有轻歌剧院的票。赖希送我到VAPP,我花了两个半小时看俄语语法。接着他同柯冈回来吃午饭。下午我只见了阿斯娅一小会儿。她同赖希关于生活安排有争执,打发我走了。我在房间里一边吃杏仁夹心糖一边读普鲁斯特。晚上我去精神病院,在门口碰见赖希,他刚出来找烟抽。我们在过道里等了几分钟,然后阿斯娅出现了。赖希把我们安排上有轨电车,一起去音乐厅[①]。管行政的人接待了我们。他给我们看卡塞拉[②]用法文写的贺信,带我们参观所有的场所(临近开演,大厅里已挤满了人,这些人是直接从工作岗位上来剧院的),并带我参观了音乐厅。大厅里的地毯异常热闹,非常难看。也许还是昂贵的奥布地毯。墙上挂着地道的旧画(有一幅没加框)。这里一如国际文化关系学会

[①] 指莫斯科艺术剧院的音乐厅,与斯坦尼斯拉夫斯基的国家歌剧院共用德米特罗夫斯基剧院一幢建筑。

[②] 阿尔弗雷多·卡塞拉(Alfredo Casella,1883-1947年),意大利作曲家、音乐家。

官方接待室有着极珍贵的家具。我们的座位在第二排。里姆斯基—柯萨科夫的《沙皇的新娘》①正要开演——斯坦尼斯拉夫斯基最近搬上舞台的第一个歌剧。关于托勒的话题：阿斯娅如何护送他，他如何要一样东西作礼物，她如何选一条最便宜的腰带，他所讲的疯话之类。演出间隙我们来到大厅。当中休息了三次，演出太长，阿斯娅身体吃不消。谈论阿斯娅戴的暗橘黄色意大利围巾。我对她说我在她跟前她感觉不自在。最后一幕演出期间，那个管行政的走近我们。阿斯娅同他讲了些什么。他邀请我来看下一个新节目（《叶甫盖尼·奥涅金》②）。结束时取衣服困难。剧场两名雇员在楼梯中间把着关，以使人流有序地进入狭小的衣帽间。按原路返回，坐的是没有暖气的有轨电车，窗户有霜冻。

---

① 《沙皇的新娘》1926 年 11 月 28 日首演。这出戏标志着斯坦尼斯拉夫斯基的注意力转向古典俄罗斯歌剧。

② 事实上，柴可夫斯基的《叶甫盖尼·奥涅金》已经上了歌剧院的剧目，是斯坦尼斯拉夫斯基制作的第一部完整歌剧。

12月11日

谈谈莫斯科的特点。头几天毕竟很难习惯于在冰封的街上步行。走路时我得极小心，不能好好看看周围。昨天早上（我写此时是12日）阿斯娅给我买了双靴子,情况则好多了。不像赖希声称的那样难。这座城市典型的建筑都是一两层的楼房，数不胜数。外表看上去像夏天的度假村，看着这些房屋感觉更冷了。漆的颜色也多种多样,有暗白色的，大都是红色的，也有蓝色的，黄色的（也如赖希所说），有绿色的。人行道极狭窄，他们对土地的吝啬，一如对空间的挥霍。此外，房屋的边缘都结了厚冰，这样一部分人行道仍是不能用的。人行道和街道之间也没有任何明显的界线，街道的各个层面都有冰雪。经常可以穿行拱廊街来到国营商店跟前：排队买黄油和其他生活必需品。商店不计其数，买东西的人则更多，而所能供应的全部东西无非是一篮苹果、橙子或花生。为了不使东西受冻，他们给商品盖上羊毛毯，上面只陈列两三个样品。大量的食品是面包和其他烘烤面食，各种卷圈；点心店里有诱人的苹果馅饼。棉花糖的花样真是繁多。昨天下午我同阿斯娅在一家点心店里，他们卖杯装的掼奶油。阿斯娅吃了份带蛋白筒的，我则喝了咖啡。我们坐在店堂中间，面对面，中间隔一张小桌。阿斯娅提醒我说我曾打算写批评心理学的文章，我再度意识到涉及这方面的问题我多么依赖与她的接触。不管怎么说，我们无法如愿延长在咖啡店的时间。我不是四点钟离开精神病院的，而是五点。赖希要我们等他，他不清楚是否要开会。终于可以走了。我们沿着彼得罗夫卡大街行走，盯着商店的橱窗看。我的目光为一个精美的木器商店所吸引。在我的请求下，阿斯娅给我买了一只小烟斗。我过后再回来给斯特凡和达佳[①]买点玩具。他们卖那些一层套一层的俄罗斯鸟蛋，还有用软木雕刻的动物。另一家商店橱窗里放着俄罗斯花边刺绣，阿斯娅说，其图案是农妇们按窗户上的霜冻花样编的。这是我们当天第二次散步。阿斯娅早上来，给达佳写了信，然后天气美极了，我们在特维尔斯卡娅街散步。回去的路上，我们停在一家卖圣诞蜡烛的店前，阿斯娅对这些蜡烛发表了评论。事后，又同赖希去卡梅涅娃学会。我终于得到旅馆优惠证。他们要晚上送我去看《士敏土》[②]。不过，赖希后来又觉得格氏剧场的表演更要好些，《士敏土》对阿斯娅来讲也许太不安定了。等安排妥时，阿斯娅感觉不够好，所以我自己去了，她和赖希去了我的房间。三个独幕剧，头两个不提，第三个，一帮牧师集会，一种用犹太小调唱的喜剧，似乎很不错。不过，动作没全看进去，白天累了一天，表演间隙又要退场休息，看戏时没少睡觉。——赖希当晚睡在我房里。——我的头发在这里特别有静电。

[①] 斯特凡（Stefan，1919-1972年）系本雅明和朵拉（Dora Pollak，1890-1964年）的儿子，达佳系阿斯娅的女儿。

[②] 费奥多尔·格拉德科夫（Fyodor Gladkov，1883-1958年）1925年作的小说，本雅明曾评论此小说的德译本。

12月12日

赖希同阿斯娅早晨去散步。然后他们上我这儿来——我还在穿衣服。阿斯娅坐在床上。我很喜欢看她打开我的箱子帮我收拾东西的样子，连她挑出两条她喜欢的领带的过程我也喜欢。然后她讲了小时候如何贪读无聊的小说连载。她常把小书藏在课本里以防母亲看见，但有一天她得到一本大册书《劳拉》，终于落到母亲手里。另有一次，为了从女朋友那里得到一本廉价小说的续集，她半夜跑出了家。女朋友的父亲开门时一脸茫然，他想知道她来干什么，她这才感到唐突，答说她也不知道来干什么。——在一小餐厅同赖希一起吃午饭。空旷的精神病院的下午真是难熬之极。阿斯娅还是一会儿称"Sie"（您），一会儿称"Du"（你）的。她感觉不大好。我们在特维尔斯卡娅街散步，然后坐在一家咖啡厅里。阿斯娅和赖希发生激烈争论。赖希明确表示要断绝一切同德国的关系，把注意力集中到俄罗斯事务上。晚上同赖希单独待在我房里：我研究导游手册，他撰写《钦差大臣》着装彩排的评论文章。莫斯科没有卡车，也没有小货车等。无论是买个小东西或运个大东西，都只能用雪橇或出租马车。

12月13日

上午我沿城内的大街步行很长时间，到中央邮局，然后回头走过鲁比安卡广场到赫尔岑之家，这样我的方向感好多了。我终于知道那个拿字母板的男人是怎么回事了：他在卖字母，人们可以把字母安在长统靴上，这样就不会弄混了。散步时，我再次为卖圣诞树点缀品商店的数量感到惊讶。一个小时前我同阿斯娅散步了一小会儿，在阿姆斯卡娅·特维尔斯卡娅街也到处看见这些商店。这些点缀物在橱窗里似乎比在树上更明亮些。在阿姆斯卡娅·特维尔斯卡娅街上走着时，我们碰上一群共青团员[①]正鼓乐游行。这种音乐如同苏联军队的曲子，好像是口哨和歌曲的混合。阿斯娅谈赖希的事。她让我给他带一份儿最近一期的《真理报》。下午在阿斯娅那里，赖希给我们读他对梅氏搬上舞台的《钦差大臣》的基本概括。很不错。此前他在阿斯娅房里打盹儿，我给她读《单行道》节选。在上午长时间散步过程中，我也注意到了别的东西：卖东西的女人、农妇，她们都站在所卖之物的篮子旁（有时也是一架雪橇，像冬天她们用来当孩子的推车那样的雪橇）。篮子里放着苹果、糖果、干果和糖捏的小玩意儿，半藏在布盖下。你可以想象是某个慈祥的祖母离家前东看西看，挑出所有能让她孙儿惊喜的东西。把东西打点好后，她

---

① 本雅明用的是俄文，上文出租马车用的也是俄文。

站在街上，歇歇脚再走。我又看见中国人用纸做假花儿，就像我从马赛给斯特凡带回的那种花儿。不过，这里纸做的动物似乎更经常是深海奇异的鱼。也有卖玩具的，一篮子小车和小铲，小车黄的红的都有，孩子玩的小铲也黄的红的都有。还有肩上扛着一捆风车四处走的商贩。这些手工制品远比德国的朴拙，其农家风味儿更明显。我发现一个妇女在街角卖圣诞树点缀物。黄的红的玻璃球在太阳下闪烁光芒，像一篮欢歌的苹果，每个果子都透着不同的黄色和红色。在这里树木和颜色也比别处更有直接的关系。在最粗糙的玩具和最精致的漆器中都体现了这一点。——一些蒙古人靠在中国式的城墙边①站着。他们老家的冬天也许跟这儿一样凛冽，他们身穿的破毛皮不比当地人糟。可是，他们是唯一因气候而遭到别人不由自主可怜的民族。他们相互间隔五步站着卖皮箱子，每个人卖的东西都是一样的。这后面一定是串通好了的，否则不会这样相互无益地竞争而表情漠然。这里同里加一样，商店的招牌俨然像原始绘图：鞋子从一只篮子里往下掉，一个嘴里衔着拖鞋奔跑的波美拉尼亚人。在一家土耳其小吃店前悬挂着两个标牌，上面画的是戴着菲斯帽的男人在吃饭，帽子上饰有新月。阿斯娅说得对，人们到处都在寻找有特征的举动，甚至在广告中都如此。——晚上同赖希在伊列斯②家。"革命剧院"的负责人③后来也来他家了。12月30日这家剧院将首演伊列斯的剧作。这位负责人系前红军将领，在歼灭弗朗格尔④的

---

① 莫斯科旧城部分区域，包括红场和克里姆林宫周围。
② 贝拉·伊列斯（Bela Illés, 1895-1974年），匈牙利作家，自1923年起住在苏联；1925-1933年任国际革命作家联盟秘书长。二战期间任红军将领。
③ 指V.S.斯塔鲁金。
④ 彼得·弗朗格尔男爵（Baron Petr Vrangel, 1878-1928年），俄国将军，曾支持柯尔尼洛夫之企图推翻彼得格勒苏维埃。在内战最后一场要战中被红军打败后逃往国外。

行动中起过决定性作用，曾两次在托洛茨基的总命令中提名。后来他在政治上犯了愚蠢的错误，前程就此搁浅。因为早先当过文人，他们给了他个剧院负责人的位置，这份工作也无需多少努力。他似乎很愚钝，对话不特别活跃。此外，赖希告诫我说话小心点。我们讨论了普列汉诺夫的艺术论①。这屋子里只有几件家具，最惹人注目的是一张摇摇晃晃的儿童床和一个澡盆。我们到时那小男孩还没睡，让他上床他还哭喊，我们在那儿他一直没睡。

---

① 二十四卷本的《普列汉诺夫全集》，1923-1927年才编就。

12月14日（15日记）

今天不会见到阿斯娅。精神病院的形势越发严峻了。经过旷日持久的谈判，昨晚他们让她出院，而今天上午她并未如约来找我。我们原计划去给她买衣料的。我在此地已一个星期，已经觉得越来越难见到她了，更别说单独相见了。——昨天早上她突然来看我，情绪激动，比以往更不安了（一向是不安的），像是害怕在我房里待一分钟。我陪她去应召前往的一个委员会的办公室。告诉她前天晚上听到的消息：赖希很有可能得到一个新职位，为一家重要出版物当戏剧评论家。我们走过萨多瓦亚大街。一路上我说得很少，她则眉飞色舞地大谈在儿童中心跟孩子们打交道的情形。她照看的一个孩子头撞到了另一个孩子的头上。我已第二次听这个故事了。真奇怪，我现在才明白这个简单的故事意味着什么（这个故事对阿斯娅有不良影响，不过大夫相信那孩子可以得救）。我的注意力全在她身上，几乎听不见她说什么，经常是这样的。她展开叙述了她的想法：孩子们必须分组照看，因为看住最野的孩子几乎不可能——她称这些孩子为天才——又要忙于看其他孩子。野孩子不耐烦正常孩子耽于做的事情。正如她自己所说，阿斯娅显然很成功地对付了野孩子。阿斯娅还谈到了自己的写作。她正给莫斯科出的一家拉脱维亚共产党报纸写三篇文章。这份报纸通过非法途径送到里加，让那儿的人读她的作品是有作用的①。

那家委员会的办公室坐落在斯特拉斯诺伊大街和彼得罗夫卡大街的交汇处。我在彼得罗夫卡大街上来回走了半个小时等待她。她终于出现了,我们一起去国家银行②去换汇。那天早上我精力充沛,得以同她平静而紧凑地谈我的莫斯科逗留及这座城市越发渺茫的前景。我的谈话给她留下了深刻印象。她告诉我那位救了她的大夫明确表示禁止她再待在这个城市里,建议她去森林疗养院。然而,她并没有走,一方面是害怕森林里的孤独,一方面是因为我。我们站在一家皮货店门前;上次沿彼得罗夫卡大街散步时,阿斯娅也在这门前驻足过。店里墙上挂着一套顶呱呱的皮衣,衣上镶着各色珍珠。我们进去问价钱,并了解到这是汤加人的一件作品(而不是阿斯娅以为的"爱斯基摩"服装)。它的定价是二百五十卢布。阿斯娅想要这套衣服。我对她说:"如果买它,我就得马上离开。"她让我保证哪天送她一样可以伴她终生的礼物。从彼得罗夫卡到国家银行中间要经过一条拱廊街,街里有一家古玩店可以吃回扣。橱窗里陈列着一件镶嵌精美饰物的碗柜。拱廊街的那一端人们在陈列架上装卸瓷器。还有几分钟,我们走向公共汽车站。然后去见卡梅涅娃。下午我在城里闲逛:不能去见阿斯娅,克诺林③在她那儿——此人为非常重要的拉脱维亚共产党人,最高审查委员会成员。(今天也一样,我写此日记时,赖希在她那儿。)下午最后是在斯托列奇尼科

---

① 阿斯娅所指要么是《新团结报》,要么是《俄罗斯新闻报》;两张报纸都是当时她撰稿的阵地。
② 原文半为俄文缩写。
③ 维里斯·克诺林(Vilis Knorin,1890-1938年),党和政府的高级官员,1926-1927年任党中央宣传部部长。

027

夫大街上的一家法式咖啡馆度过的，面前只有一杯咖啡。——至于这座城市：拜占庭教堂建筑的窗户似乎没有自己的风格。视觉效果有点虚幻，有点不稳当；从尖顶到大堂临街而开的窗户有点拖拉、有点世俗，像是普通起居室的窗户。里边，东正教的牧师生活得像庙里的和尚。圣巴西尔天主教堂的下半截倒像是俄国贵族宅邸的底楼。教堂顶的十字架往往像是苍天戴的巨大的耳环。这座苟延残喘的城市所具有的奢华就像患了病的嘴巴里的牙垢：N.克拉夫特巧克力店，彼得罗卡夫大街上优雅的时装，毛皮间矗立着的巨大瓷花瓶，叫人觉得丑陋而僵硬。——这里乞讨者不像南部那样咄咄逼人，南部要饭的人那股持久不懈的劲儿真不像衣衫褴褛的人该有的那种生命力。这里要饭的是一帮奄奄一息的人。大街的角落，尤其是外国人做生意的街角满是铺盖卷儿——这是被称作莫斯科的露天大病房的床铺。公共交通工具上的乞讨组织得有所不同。有些环线车站间隔距离很长。要饭的人在车站溜上车，或者是一个乞讨孩儿在一角待着，开始唱歌。然后，孩子捡起地上的戈比。很少看见有人给钱。乞讨已失去社会良知这一最强大的基础；社会良知本应比居高临下的怜悯更能打开钱包。——拱廊街。这些街保留着原有的商店和画廊，一家挨一家，却似乎像那些教堂一样无人问津。农民和花团锦簇的女人来来去去都穿着笨拙的毡靴，如此，紧贴腿脚的靴子似乎就成了内衣之属了，就像紧身胸衣般有局限性了。毡靴是脚穿的奢侈品。回到教堂：大多数教堂维持得不好，又冷又空，正如我看到的圣巴西尔天主教堂的内部一样。倒是居民区木构的小神龛保留得挺好，不时有阳光从祭坛射向雪地。冰雪覆盖的窄小巷子是寂静的，只能听见犹太布贩轻轻的拍柜叫卖声和卖工艺品的女人声音；后者藏身于银货箱堆后面，像拥着宝座的女王，脸上罩着金箔色的东方面纱，眼前挂着棉花—羊毛制的圣诞老人。我发现最美丽的摊子在阿尔巴茨卡娅·普罗什恰得（广场）上。——几天前，在我房里同赖希谈新闻。基希[①]曾向他透露一些新闻方面的黄金规则，我自己则加上了几条：1）一篇文章包含的名字越多越好。2）首句和结尾一定要好，中间则无所谓。引用一个名字所产生的幻想作叙述背景，而这叙述还代表真实。我愿同赖希合作规划一本唯物主义百科全书，对此他有极好的主意。——阿斯娅七点钟过后来的。（赖希前往剧场，也来了。）他们在上演斯坦尼斯拉夫斯基导演的《土尔宾一家的命运》。场景的自然风格好极了，表演则谈不上好，也谈不上不好。布尔加科夫的戏本身绝对有种鼓动造反的劲头。尤其是最后一幕，白军"转向"布尔什维主义，戏剧角度的乏味一如心智上的矫揉造作。共产党反对这出戏是有道理的，也是显而易见的。无论这最后一幕是审查老爷要求加上去的（如赖希声称的），还是原来就有的，都不影响对戏本身的评价。（这出戏的观众显然与我在另两家剧院看到的不同。似乎没有一个共产党人在场，也看不见穿黑色或蓝色束身衣的观众。）我们的座位不在一起，因此我只在第一场期间同阿斯娅坐在一起，随后赖希坐在我身边：他觉得翻译的工作强度她受不了。

[①] 基希（Egon Erwin Kisch, 1885-1948 年），1925 年秋至 1926 年春在苏联旅行。他将这段经历写在《沙皇、人民、布尔什维克》一书中（1927 年柏林 E.Reiss版）。（英文原注中，基希的卒年是 1938 年，实际上是 1948 年。——译注）

12月15日

赖希起床后出去了一小会儿。我希望能够单独迎接阿斯娅。然而,她一直未出现。赖希下午得知她早上感觉不好。然而,他也不让我下午去看她。我们上午部分时间待在一起:他为我翻译卡梅涅夫在共产国际的发言。——一个人只有在尽可能多的方面体验一地的生活,才能有所了解这个地方。假如你要接纳一个地方,就得从四个主要方向接近它;更要紧的是,你也得从这四个方向离开这个地方。否则就是三四次不期而遇,你也不会发现它。再行进一步,你就能找到它,并且辨明方向。了解房屋也是这样。只有在寻找很具体的一家时转悠了一系列房屋,你才会知道这些房子都有什么。大门的拱顶、屋门的框架、大小不一的字母、黑色、蓝色、黄色、红色、箭头形状的,或有靴子,或有刚烫完的衣服,或有破损的柱子,或有坚固的台阶,生活就是如此跃然在你眼前,昂然决然,且默不作声。你得乘公车在大街上转悠,才会知道这场战役仍在进行,眼前是高低不同的楼房,决定性的一着在房顶上。只有最强烈、最令人肃然的口号或商业广告能在这一高度生存。因此也只有在空中才能俯瞰这座城市的工业精英(这里只能看到几个字)。——早上,去看圣巴西尔天主教堂。教堂外表的宜人暖色映到雪地上。这座教堂的地基规划得相当有序,建筑拔地而起之后,其匀称令人肉眼从任何方面都看不出。这个建筑总是在掩藏着什么,只有在飞机的高度才能一窥全貌,建筑师忘了从天上遮盖自己。教堂里面不仅空荡,而且像一只被屠宰的鹿一样被挖空了内脏。现在成了教育群众的"博物馆"。去掉内设施——就残存的巴洛克风格的祭坛判断,艺术上讲是毫无价值了。过道和拱顶点缀的色彩明亮的花环过于暴露了,真是没有指望。更有令人悲哀者,室内古色古香的石头,仅存的一点多彩拱顶的记忆,被篡改成浅薄的洛可可风格。拱顶的过道很窄小,到壁龛处却豁然开朗,四周的祈祷室也一样。高高在上的窗户透进的光亮很少,却看不清各种用于祈祷之物什么模样,而被允许保留在教堂里的也只有这些东西。有一间灯点得很亮的小屋子,铺着红地毯,陈列着莫斯科和诺夫戈拉德诸教派的偶像和几本显然是无价之宝的福音书;墙上挂着画儿,画儿上是亚当和基督,身子的颜色是白的,背景是绿的,他们赤身裸体,没有生殖器。看门的是一个胖女人,一副农妇的样子。我真想听这些画儿的讲解,她刚才还对一群无产者讲来着。——此前,在他们称之为"上商业街"的拱廊街逛了逛。想买一些有趣的泥人——色彩鲜艳的骑士——一家玩具店橱窗里有,没买成。乘公共汽车去吃午饭,沿莫斯科大街,经"救世主"教堂,穿过阿尔巴茨卡娅广场。下午天黑后又回到那儿,围着一排排木亭子转悠,然后走到伏龙芝大街造型典型的"战事部",结果迷了路。乘公车回家。(赖希想独自去看阿斯娅)。晚上,走过一段刚结冰的路到潘斯基家。刚到他家门口,看到他和妻子正要离家去剧场。第二天澄清了一些误会,他请我们过两天来他办公室见面。接着去斯特拉斯诺伊广场那所大房子见赖希的一个熟人。在电梯里我们与此人的妻子相遇,她对我们说他正在开会。索菲娅①的母亲也住在这栋楼里——这是一栋寄宿公寓——我们决定去问候一声。像我此前见过的所有房间（格拉诺夫斯基家和伊列斯家）一样，这间屋子只有几样家具。由于房间陈设简陋，这几件外表寒酸的家具更显凄惨了。"小资产阶级"的室内装饰的基本特点是：墙上必须有画儿，沙发要有垫子，垫子要有罩子，螺形托脚小桌上要有小摆设，窗户要有花玻璃。而这屋里的这一切，只有几样不分好坏地留存了，东一件西一件的。假如人们要把屋子收拾成检查过的养老院的模样，那是因为他们的生活方式异化了，不再习惯家居的生活。他们生活居住的地方成了办公室、俱乐部，成了马路。步入这间屋子，马上意识到索菲娅固执的性格、狭隘的心胸是从她的家庭传承的；虽然她同这个家没有一刀两断，但已疏远了。回去的路上赖希同我讲了她家的故事。索菲娅的哥哥克鲁连柯是个将军，革命开始时站在布尔什维克一边，为革命出过不少力。由于政治才能有限，（他们）事后给了他一个公诉人的荣誉性职位（在金德曼的案子②里，他也扮演公诉人的角色。）她的母亲显然也在某个组织。她的年龄一定在七十左右，却仍显得精力充沛。索菲娅的孩子得受外婆的管，一会儿在外婆家，一会儿又要去姨妈家，多年没见母亲了。两个孩子都是她第一次婚姻的结果。孩子的父亲系旧俄贵族，内战时站在布尔什维克一边，后来战死了。我们去时，小女儿在那儿。这个女孩异常美丽，很自信且举止优雅。她的话似乎不

---

① 索菲娅·克鲁连柯，尼古拉·克鲁连柯（Nikolai Krylenko，1885-1938 年，时任司法委员会主席）的妹妹，1924 年与本雅明和阿斯娅同在卡普里。

② 卡尔·金德曼（Karl Kindermann）在对"阴谋刺杀列宁"的三个德国青年形式审理中充当辩护律师。1924 年 10 月，三青年被控阴谋刺杀列宁。金德曼被判死刑却未行刑。

多。刚收到她母亲的一封信,跟外婆拌了嘴,因为信不是写给她的,她却打开了。索菲娅写信说她将不再被允许待在德国了。她的家人似乎风闻她在从事非法工作。她是个灾星,她母亲显然不悦。从这屋子向下望去,特维尔斯卡娅大街一串灯光真是美丽。

12月16日

我在写日记,已经不指望阿斯娅会来。然而,她却来敲门了。当她走进房间时,我真想亲她。一如往常,结果并没亲成。我拿出写给布洛赫的明信片,递给她附上几个字[1]。又想亲她,还是不成。我读她写的话。她问我怎样?我说:"比你写给我的要好。"为此"不中肯"之言,她吻了我,并且拥抱我。我们坐雪橇进城,去了几家商店给她的外套寻找料子。至少我管它叫外套;她坚持新衣服要做得像巴黎时的旧衣服一模一样。最先去的是一家国营商店,墙上高挂着纸板画鼓励农民和工人联合起来。这种甜蜜蜜味道的陈列这里无处不有:铁锤、镰刀、齿轮和各种工具被荒唐地弄在绒面的纸板上。这家商店只有农民和无产者用的东西。后来,在新的"经济帝国"统治下,这些东西是国营厂生产的唯一产品[2]。柜台前挤满了人。没有人的商店倒是卖衣料,但得凭票或者——付现金——价格高得吓人。在街头一个小摊上,阿斯娅帮我买了一个小娃娃,一个"不倒翁",是给达佳买的,尽管我也想利用此便利给自己买一个。在另一个摊上买了只玻璃鸽子用来装点圣诞树[3]。我觉得我们并

---

[1] 这张明信片从未寄达恩斯特·布洛赫,据致西格弗里德·克拉考尔(Siegfried Kracauer)1927年2月23日信,此明信片"查无此人"退回了。
[2] 不是指列宁的"新经济政策",而是指20年代后半期各经济领域实施的削减成本的"节约"运动。
[3] 原文为俄文。

没有多说话。——后来跟赖希一起在潘斯基的办公室里。他使我们确信他有公事要见我们。不管怎样我来了，他对我指了放映室，里面两个美国记者正在看电影。不幸的是，经过无数手续终于获得允许去看时，《战舰波将金号》[①]已快放完了。我只看到最后一幕。下一部片子是《依法判决》——一部根据杰克·伦敦[②]小说改编的电影。几天前莫斯科首映，失败得很。从技巧上讲这部片子是好的——其导演库里肖夫声誉极好。但是，情节太庸俗主题就显得荒唐了。据说其无政府倾向是有针对性的，一般而言指右派势力。放映结束后，潘斯基亲自来到放映室，然后引我回到他的办公室。要不是担心见不到阿斯娅，谈话满可以再继续下去的，反正吃午饭已经太晚了。我到精神病院时，阿斯娅已经离去。我回到住处，不久赖希就到了，过一会儿阿斯娅也来了。他们为达佳买了些礼物，毡靴之类。在我房里，我们谈到"钢琴"作为小资产阶级室内必陈之物在家庭里却是一切灾难不幸的真正动力核心。阿斯娅闻此像触了电，她想与我合写一篇文章，赖希再把它变成戏剧性的素描。阿斯娅和我单独待了几分钟。我只记得我说了句"但愿永远"，她为之大笑；我意识到她听懂了我的话。晚上，赖希带我去一家素食餐厅，墙上全是宣传口号。"别信上帝"——"宗教是虚假的"——"别信创世说"等等。许多与《资本论》相关的东西，赖希也译不了。稍后回到家，在赖希的帮助下，我给罗斯[③]打通了电话。他告诉我明天下午

[①] 谢尔盖·爱森斯坦（Sergei Eisenstein，1898-1948年）导演的电影（1925年）。
[②]《依法判决》，列夫·库里肖夫（Lev Kuleshov，1899-1948年）（英文如此。卒年为1970年。——译注）根据杰克·伦敦小说改编的电影（1926年）。库里肖夫，蒙太奇手法的先驱理论家兼实践家，在这部电影中无情指责资产阶级司法制度。该电影被认为是革命后的电影经典作品。
[③] 约瑟夫·罗斯（Joseph Roth，1894-1939年），受《法兰克福报》委托报道他1926

就要离开这座城市，谈了一阵，没有别的选择，只好接受邀请十一点半在他的旅馆一起吃饭。否则就没机会交谈了。差一刻十二点左右我精疲力尽地上了一架雪橇：赖希整个晚上都在给我读他的作品。那篇论人道主义的文章（他承认尚在研究的初级阶段）是建立在很有心得的问题之上的：为法国大革命之战斗做了准备的法国知识分子何以1792年过后不久即溃散了，并且成了资产阶级的工具？在我们讨论这一问题时，我突然想到"受教育者"的历史在物质上应体现"未受教育史"的功能，应与"未受教育史"有密切的关系。后者起源于近代，此时中世纪占主导地位的形式已不再同时是教育的形式，无论被主宰者的（宗教）特性如何。宗教的倾向毁灭了世俗主导形式的精神权威。这种形态的历史往往展现如下过程：多少世纪以来，革命的能量都是由未受教育的阶级从宗教的卵袋子里释放的。知识分子表现得往往不仅像一群背弃资产阶级的人，而且像"未受教育"的先锋。坐雪橇使我去除了疲劳。罗斯已坐在宽敞的餐厅里。鼓噪的乐队，半个房顶高的两只大铁锚爪，明亮的酒吧和自助餐柜，餐桌陈设得素雅精致，接待客人像欧洲奢华旅馆，好像这一切都是移植到东方来的似的。我是第一次在俄罗斯喝伏特加。我们吃的是鱼子酱、冷肉和煮酥的水果。回过头来想想整个夜晚，罗斯给我的印象要比在巴黎时更糟。或者说——更像是——在巴黎我已清楚这些，尽管半遮半掩；而这次则像光天化日一样一目了然。餐桌上的谈话在到他的住处时变得更紧张了。他把一篇谈俄国教育体制的长文章[①]读给我听。我看了看房间四周，桌上杯盘狼藉，似乎是美美的

年8月至12月末苏联之行。他的报道从1926年9月至1927年1月分十八个章节以"俄罗斯纪行"为题连载。

① 罗斯的文章"学校与青少年"发表于1927年1月18日《法兰克福报》。

一顿茶,至少是三个人享用的。罗斯显然过着奢侈的生活,旅馆套房——正像在餐厅里约见人一样欧洲化——一定很贵,他去西伯利亚、高加索和克里米亚实地考察也一定花不少钱。读完文章后聊天,我强让他把卡片放到桌上。总之,他来俄罗斯时(几乎)是被确认的布尔什维克,离开时却成了保皇党人。这个国家就剩这么一着了:花钱使人变色,他相信那些来访的泛着微红光或粉红光的政客(在"左翼"反对派或盲目的乐观主义旗帜下)会全然变红。他的脸上布满了皱纹,看上去像令人不快的密探。在卡梅涅娃学会再次遇见他时我还是这个印象(他推迟行期了)。我接受他的邀请登上他的雪橇,两点左右我被送到旅馆。街上有些许夜生活,在一家大旅馆和一家咖啡厅前。在这些场所人们簇拥在一起,以抵御寒冷。

12月17日

去看达佳。她看上去比以往见到她时都好。儿童之家的纪律对她大有影响。她的凝视安详且自信，脸比以前丰满且不再那么紧张。不再那么酷似阿斯娅了。教室里最有趣，墙上到处是画儿和剪纸人物。就像庙堂里的墙，孩子们把自己的作品作为礼物送给大家。这些场所红色是最显眼的颜色。到处点缀着苏维埃红星和列宁头像。在教室里，孩子们不是坐在书桌前，而是坐在长凳上长桌前。我们进门时他们用俄语道一声"您好"。儿童之家不提供衣服，许多孩子看上去很穷。在精神病院附近另有来自周围农庄的孩子们在玩儿。去米蒂什奇[①]参观，坐雪橇顶着风返回。下午同阿斯娅在精神病院，情绪很低落。在娱乐室玩六路多米诺骨牌。晚上在一家点心店同赖希一起吃饭，一杯咖啡一块蛋糕。早早上床。

[①] 雅乌扎河（莫斯科地区）边的一个村庄。

12月18日

阿斯娅早晨来访。赖希已离去。在国家银行换了钱后我们去买衣料。在我房里时，我向阿斯娅提起昨天的情绪。不出意料，今早一切都不错。衣料很贵。回家的路上碰见一群人正在拍电影。阿斯娅对我说这真该描述一下：人们在这种场合总是立即昏了头，回办公室后精疲力尽，连去了哪儿都说不清楚。你会意识到这话是多么的切实：这里开一场会得布置许多次。一切都不像计划或预期的那样发生。这里须臾都不能没有繁文缛节和陈词滥调，俄罗斯人的宿命论你很快就会明白。在集体生活中文明进步的步伐无论怎样慢，其初始效应只会使个人生存进一步复杂化。家里只有蜡烛的人比家里有电灯的人生活要好，因为发电厂常停电，电灯无用。也有对新生事物漠不关心、一任其存在的人，比如说在大街上溜冰的孩子。他们妨碍了公车的交通。透过冰封的窗户，你永远也搞不清自己在哪儿。等你弄清楚了，一帮土头土脸的人挡住了你下车的道儿。上车是后面的门，下车是前面的门，你得挤过人群，这要看运气和力气如何。从另一方面讲，这里也有西欧不熟悉的方便。国营杂货店晚上十一点还开门，公寓的门则开到午夜或更晚。住户和二手住户太多，不能都有自己的大门钥匙。——路上的行人"跟跟跄跄"地走着。这是因为人行道太窄；除了那不勒斯，没地方比这儿的人行道更窄了。这使莫斯科带点乡下气，或者说这都市像是临时凑起来的，是一夜而成的地方。——我们买了些优质的棕色衣料。然后我去学会为梅耶霍尔德弄了个票证，同时见了罗斯。午饭后同赖希在赫尔岑之家下象棋。随后柯冈带记者来了。我谈了写作计划，接着谈了谢尔巴特和艾米尔·路德维希的著作[①]。赖希对此采访极为不快，说我以不必要的理论劝诫将自己置于受攻击的危险境地。采访迄未发表（我是在21日记此日记的），还得等着瞧有何反应。——阿斯娅感觉不太好。一位病人犯脑脊膜炎后发了疯，她从前在医院就知道这个人，现被安置在她隔壁了。夜里，阿斯娅鼓动其他女病号一起造反，结果那人被挪走了。赖希带我去梅耶霍尔德剧院，在那儿遇见了范妮·伊洛娃娅[②]。可是学会与梅氏关系不好，事先没打电话，我们没能弄到票。在我旅馆短暂停留后，我们驱车前往"红门"区去看电影，潘斯基说这部电影会比《战舰波将金号》更成功。票卖完了。我们弄到下一场的票子，去伊洛娃娅的公寓喝茶，就在附近。房间像我看见过的那些房间一样空荡。灰色的墙上挂着一张列宁阅读《真理报》的大照片。窄架上放着几本书，门附近隔墙边放着两只柳条箱，沿两堵外墙放着一张床，床对面一张书桌和两把椅子。在这屋里喝了一杯茶，吃了一片面包，这是本晚度过的最好时光。电影糟糕透顶，他们放得太快，简直无法看懂。结束前我们就离座了。坐着公车回家真像通货膨胀时期生活的一页。我发现赖希在我房里，他又在这儿过夜了。

[①] 保罗·谢尔巴特（Paul Scheerbart，1863-1915年）德国随笔作家兼小说家，乌托邦小说和科幻小说作家。本雅明和肖勒姆尤其崇拜他的《玻璃建筑》(1914年)。艾米尔·路德维希（Emil Ludwig，1881-1948年），多产的德国传记作家和历史学家。

[②] 也许是尼娜·叶尔莫拉耶娃（Nina Yermolaeva）；她在梅氏导演的《钦差大臣》中扮演安东诺夫娜一角。

12月19日

不十分记得早上发生的事了。我想我是见了阿斯娅的。把她送回精神病院后我想去特列恰可夫画廊的。可是我找不到在哪儿,在寒风中走过建筑工地、阅兵场和教堂(都在莫斯科河左岸)。我看见红军士兵在训练,就像孩子各就各位踢足球。一所学校出现一群小姑娘。在我乘公车回家的那个车站对面有一幢辉煌的红色教堂,它的红墙一直延伸到大街,有一座塔和圆顶。我越走越累,因为我拿着一个不太便携的包,里面装的是彩纸制成的三个小房子,花三十戈比的大价钱买的呢。好不容易才在左岸一条主街的摊头上买到的。下午在阿斯娅那儿。我出去给她买了些蛋糕。当我站在门口准备走时,赖希的古怪行为让我吃惊,我说"再见"他没应声。我想他大概情绪不好。先时他离开房间一会儿,我跟阿斯娅说他会买蛋糕的;然而他返回后却令她失望。当我不一会儿买回蛋糕时,赖希躺在床上。他心脏病犯了,阿斯娅不知所措。我很吃惊阿斯娅对待赖希的病痛竟像我过去对待朵拉的病痛。她在责备他,以不耐烦不细心的方式照料他,像是要让别人知道他得病是犯了多大的错儿。赖希慢慢地复原了。这不幸发生的事意味着我得单独去梅氏剧场了。稍后阿斯娅把赖希带回我的房间。他睡在我床上过夜,我则睡在阿斯娅给我铺好的沙发上。——尽管比首演时缩短了一个小时,《钦差大臣》还是从七点三刻演到午夜。这出戏分成三个部分,共(假如我没弄错）十六幕①。赖希的多次叙述为我看整出戏的视觉效果做了准备。我很惊讶这出戏如此铺陈。事实上，这出戏最精彩的东西不是服饰的多彩多姿，而是舞台背景的设计②。除了个别例外，场景都安排在一小块倾斜的平面上。每变一幕，道具就换一种风格，都是帝王派头的红木家具。这样做的净效果是创造了一系列迷人的风俗画儿，这就符合这出戏的本意了：它本来就打算进行非戏剧的社会学分析。作为为革命戏剧改编的经典剧作，人们赋予这出戏许多重要意义，同时也认为这场试验是个失败。更要紧的是，党出来反对这出戏，连《真理报》戏剧评论家写的温和评论都被编者拒绝了。剧场里的掌声受到约束，这也许是因为官方的倾向，而不是观众实际的反应。这出戏当然令人大饱眼福。这无疑与这里的普遍谨慎气氛有关，而这出戏却公开表露自己的观点。假如你问只是认识的人他们是如何看某出没意义的戏或电影的，回答往往是"这里的人以为这样或那样"或者"人们大抵的看法是如此这般的"。这出戏的指导原则、表演之向极有限领域的集中，使之具备了异常奢侈的紧凑（戏剧价值之所在），同时又没有忽略表演的空间。一场派对戏使所有这一切达到高潮，这场戏是舞台的杰作。小小的表演区域挤了十五个人，只有纸制的所谓柱子把他们间隔成几组。（赖希谈到了线条布置的废弃。）总的来讲，其效果像一个蛋糕的构架（很莫斯科化的比喻——只有这里的蛋糕能说明这一比较），或者更恰当点说，像八音钟上翩翩起舞的木偶，果戈理的文本就是它们的牵线。再者，

---

① 实际为十五幕。
② 舞台设计是梅耶霍尔德与维克多·吉谢列夫（Viktor Kiselev, 1895-？年）合作的。吉氏设计服饰并且布置舞台陈设，最主要的是古董陈设。吉氏还合作设计了梅氏第二部作品《滑稽的神秘故事》。

这出戏实际也有音乐。结尾部分出现的一点夸德里尔舞曲在任何布尔乔亚戏里都算是迷人的乐曲。在无产阶级的戏里出现，就有点令人惊异。后者的形式在如下一幕里再显然不过了：一长栏杆把舞台一分为二；钦差大臣站在栏杆前，群众仍在栏杆后面看他的每一个动作，跟他的外套做富于表情的游戏——一会儿把它掷过钦差大臣的肩膀，而钦差大臣则倚在扶手上。——在硬床上睡得很香。

12月20日

我是23日记这段日记的，不再记得早上发生的事了。所以我不描述事情了，只记几笔阿斯娅和我们之间的关系，尽管赖希就坐在我身边。我发现自己面对着一座不可攻克的堡垒。然而我对自己说，我在这座堡垒——莫斯科面前出现就已经算是最初的胜利了。不过，要取得进一步的决定性的胜利，似乎有不可估量的困难。赖希的地位很稳固，经过六个月极艰难时期他迅速取得了显著的成功。开始时语言不通，又有冻馁之虞。今天早上他告诉我经过半年努力他有希望在这里得到一个职位。对于莫斯科的工作条件他比阿斯娅少一些热情，不过他更应付自如些。从里加刚来到这里时，她感觉工作环境是如此的无望，以致考虑立即回欧洲。终于在儿童之家落实工作，几个星期后却因她的病又丢掉了它。要不是早一两天得到资格证书，连医疗待遇都不能享受，兴许就死了。很显然，即使是现在，她仍向往西欧。这种吸引不只是旅行、外国城市、都市波希米亚式的舒适生活，而且还有她在西欧受到过的自由思想影响，特别是通过接触赖希和我。的确如赖希后来所说，阿斯娅在俄罗斯洞察力反而尖锐了，在西欧时已见端倪。对我来讲，莫斯科此时是座堡垒。寒冷的气候要我的命，不管这种气候对我多么有好处。我对这里的语言一无所知。赖希的存在。阿斯娅的生活完全受约束。这一切都构成如许障碍。任何进展都不可能。阿斯娅的病或者至少是她的虚弱使我们个人关系退缩了，让我彻头彻尾地沮丧。是否能达到此行的目的——躲避圣诞节的死沉阴郁——尚且不知。假如我仍不退缩，也是因为尽管有上述种种，我看出阿斯娅对我很亲。那熟悉的德语"Du"（你）似乎在我们之间生了根。她冲我的长久凝视——我不记得哪个女人这么长久地凝视或亲吻我——从未失去力量。今天我告诉她现在我想要她为我生个孩子。她有些自发的动作是少见的，就冲她对男女之事目前的自我约束而言，不是没有意义的动作。这就意味着她喜欢我。就在昨天，在我为了避免争执离开她房间时，她猛地抓住我，把手插进我的头发。另外，她常常提到我的名字。前些天她说我们现在没住在一个"荒岛"上全是我的错，没要两个孩子也是我的错。这话多少有些真实。有三四次吧，我直接或间接地避免与她共度未来：在卡普里我没同她"逃跑"，可我怎能？——我拒绝陪她从罗马到阿西西和奥维耶托，1925年夏我没跟她到拉脱维亚，那年冬天也没留在柏林等她。所发生的一切并非出于经济考虑，更不是极想出门旅行，这两年旅行的兴致大减。我是害怕她身上的敌意，这些因素我发现自己现在可以面对。前些天我还对她说假如我们那时聚首，我不知道会不会早就分手了。我自身和周围发生的一切使我觉得现在同她分开生活比以往更难忍受。另一个原因是担心将来阿斯娅恢复健康，同赖希稳定地生活在一处，我要再逆我们关系的界限而动，就会艰难困苦些。我仍不知自己是否能摆脱出来。目前，我没有理由完全割舍她，即便是承认自己能够割舍她。我最希望有个孩子成为我们之间的纽带。然而，我甚至不知道自己是否现在能忍受同她生活在一起。尽管可爱甜蜜，她还是死倔死倔的。这里冬天的生活多了一维：空间因天气的冷热而发生变化。住在这条街上的人似乎是住在一个霜冻的玻璃镜大厅里。每做一个决定,每一停留都困难得难以置信:寄封信得半天。尽管天寒地冻,也得进店去买东西。特维尔斯卡娅街上有家大食品店,店里陈放着码放好的盘菜,我只在我妈妈的烹调书里见过这样的美味,其诱人的程度是沙皇时代的可比之物远远不及的。除了这家店,其他商店并不令人流连忘返,再说都是土里土气的。很少看见西方城市主要街道常见的老远就能望到的镶着公司名字的招牌;这里至多是写着所售商品种类,手表啦、手提箱啦、靴子啦、毛皮啦,等等,都是画在招牌上的。镀锡铁皮盾上涂抹着传统的鞣皮制品,衬衫一般画在一块板上,板上有俄文字"中国式浆洗"。街上有许多乞丐,长久地缠着过路人行乞;其中有一个每次看到一个感觉像是大施主的行人就发出一种低噪。我看见一个乞丐的姿势跟圣马丁为之将自己的外衣用剑一切两截的可怜人一模一样,双膝跪着,一只胳膊向外伸着。马上就要过圣诞节了,特维尔斯卡娅大街上总有两个孩子靠坐在革命博物馆的墙上,身穿破衣,抽搭哭泣。这似乎成了这些乞丐无限悲惨命运的一种表达,也可能是哪个聪明人组织的。对莫斯科所有制度而言,只有他们最可靠,也只有他们拒绝改变什么。这里别的一切都是在"修理"①的旗帜下发生的。每个星期莫斯科人家空荡荡房里的家具得重放一遍——这是家居生活唯一可以沉湎的奢侈,这么做提供一种随心所欲驾驭"舒适"的家的感觉,其代价就是被驾驭者都患上了"忧郁症",需要修理。政府办公室、博物馆和研究机构永远在变换地点,连街上的小摊也每天换地方,别的城市这种小摊都有固定地点。小画书、文具、点心和面包,甚至毛巾都在露天的街上卖,擦鞋的买卖也在街上;好像莫斯科零下二十五度

---

① 原文为俄文,指各种修理家用器物的小店,暗指消费品的匮乏。

的冬天是尼亚波里坦的夏天似的。——下午去看阿斯娅,我对她提到我想为《文学世界》写论戏剧的文章。争论了一小会儿,不过稍后我请她去玩多米诺骨牌。她终于同意了:"既然你要求这样。我很弱。我无法拒绝任何人的要求。"然而后来赖希来了,阿斯娅又把话题引到刚才所谈的东西,于是发生大吵。我从窗户框那儿起身要走,准备去赶已在街上的赖希,阿斯娅这才抓住我的手说:"没有那么糟糕。"当晚在我房里又就那事吵了一顿。然后她便回家了。

12月21日

我走过整条阿尔巴特街,来到位于斯莫棱斯克大道的市场。天气极冷。我边走边吃沿路买的巧克力。市场的第一排沿街,全是小商亭,卖的是圣诞节用品、玩具和纸制品。后面一排是专卖铁制器皿的,也有日杂用品和鞋袜等。有点像阿尔巴茨卡娅广场那儿的市场,但我不相信这里有卖食品的。还没挨近商亭,道上就挤满了糖果篮子、装饰品和玩具筐,简直没法从街上步入人行道。我在一个商店买了张很俗的明信片,在另一家买了一个巴拉莱卡琴和一个纸糊的房子。我在这里也看到街上的圣诞节玫瑰花,雄起起的花束从冰雪里泛出鲜艳的光芒。手上拿着所买的东西,寻路去玩具博物馆真是有些困难。博物馆已从斯莫棱斯克大道搬至克拉泡特金娜街。等终于找到它时,我已精疲力尽,几乎不想看入口,门也一下子没找着,我相信那门是锁着的。下午在阿斯娅那儿,晚上在柯什戏院看了场糟糕得可怕的戏(《亚历山大一世和伊凡·库兹米奇》)[1]。该剧的作者在幕间休息时强留下赖希听他讲戏——他将自己的戏描绘成《哈姆莱特》的精神表亲——费了好大劲才躲过他的喋喋不休,也设法躲过最后的表演。从戏院出来后,假如没记错的话,我们又吃了点东西。赖希在我那儿睡的觉。

---

[1] 戏院由费奥多·柯什(Fyodor Korsh,1852-1923年)创建,1925-1926年纳入国营体制,1932年关闭。

12月22日

在与赖希讨论过程中，我谈到了一系列重要问题。晚上我们常长时间地谈论俄罗斯、戏剧和唯物主义。赖希对普列汉诺夫很失望。我试图向他解释唯物主义和普救论所代表的形式之对立性。普救论的形式是非辩证的，所以也是唯心的。辩证法事实上不可避免转向代表每个命题或者反命题（作为三位一体结构的新综合体）；它更深一层地渗入客体的内部并且只通过后者代表宇宙。宇宙的任何其他观念都是没有客体的，是唯心的。我更试图把普列汉诺夫的非唯物主义思想归因于他著作中的理论所扮演的角色，并且参照了理论和方法之间的对立。在其努力代表普遍的过程中，理论常常盘旋于科学的上空，而方法的特点是：对普遍原则的每一检视会立即发现其自身特定的客体。（比如：在相对论中对时间和空间观念的检视。）另有一次，我们讨论到成功（"一般"作家决定性的标准）的观念，讨论到伟大作家同"伟大"的具体结构框架——谁谁因他们的作品有历史效应因而"伟大"；反之谁谁没有通过自己的文学力量对历史产生影响。人们是如何看着这些"伟大"的作用被本世纪的视镜放大并着色的。我们还进一步讨论了这种观点是如何光大对权威的绝对保守态度的，这种保守态度又是如何从唯物主义视角确立的。另有一次，我们一起谈到了普鲁斯特（我把自己的译文读给他听）[①]，

[①] 本雅明当时在译普鲁斯特《追忆逝水年华》第三卷。该译本是与弗朗兹·黑塞尔

还谈到了俄国的文化政策：为工人设计的"教育项目"要向他们灌输世界文学的全部，除去在英勇的共产主义岁月里在舵头的左翼作家，鼓励反动的农民艺术（俄罗斯革命艺术家协会的画展）[①]。当天下午我同赖希造访《百科全书》编辑部办公室时，觉得这一切都与我有点干系。百科全书计划编三十或四十卷，其中一卷是特别留给列宁的。我们到那儿时（第三次了，第一次白来了一趟），一个非常友善的年轻人坐在一张桌子后面，赖希——夸我的能力——向他介绍了我。当我把"歌德"词条的写作提纲勾勒给他听时，其知识上的吃不准立即显现出来了。我的提纲里有一系列东西吓着他了。他最后建议我写生平叙述，把社会学的东西作为背景。但是，要对一个作家的生活做唯物主义的描述，这样做根本不可能，只能看到其历史后果。事实上，一个艺术家如果在身后被抽象化了，那他的存在甚或纯即兴的作品都不能为唯物主义分析提供客体。布哈林的《历史唯物主义引论》[②]所提到的完全唯心主义的形而上学的问题就是以这种非方法论的普遍性与直接性为特点的。下午同阿斯娅在一起。一位犹太共产党人新近刚搬进她的房间，她们相处得不错，在一起很能说。我发现不怎么喜欢阿斯娅在我跟前了。因为，就算赖希不在，我现在也很少同她说私房话。晚上在家。

合译的，1930年出版于慕尼黑。本雅明和黑塞尔合译的第二卷1927年出版于柏林。另外，本雅明独自译了《追忆逝水年华》的第四卷，但译稿不幸遗失。本雅明和黑塞尔两人计划合译全书（并且已动手译第五卷），但这项计划从未实现。

① 俄罗斯革命艺术家协会（1922-1932年）曾掀起运动反对形式主义，并促进现实主义—自然主义绘画。

② 尼古拉·布哈林（Nikolai Bukharin, 1888-1938年），共产国际执委（1926-1930年），《消息报》主编。他的《历史唯物主义理论》出版于1922年。（日记正文作"引论"，而注解作"理论"，兹依原样译出。——译注）

12月23日

早上在古斯塔尼博物馆[1]。再一次看到非常精美的玩具；玩具博物馆馆长也在这里组织了展览。也许最精美的要算纸制的人物了。这些小人或是有个基座；或是有个手摇风琴，琴把可以转动；要不就有个斜面，一按就发出声响。另外有同一材料制的非常大的纸人儿，其所代表的类型很易归类于古怪；属于腐朽没落时期的作品。博物馆里有一位衣着寒酸的迷人姑娘正用法语同两个小男孩说着什么，她是他们的家庭教师。三个人都是俄罗斯人。博物馆有两个展厅。展有玩具的大展厅陈列着蜡染和纺织品，小展厅里展的是古代木雕，鸭子形或其他动物形状的盒子、工具等等，还有铁制品，在楼下与博物馆相邻的库房区，我能发现与古代玩具相关的任何东西。另一方面，我倒是看到了以前从未见过的圣诞树点缀品。然后我去卡梅涅娃学会取《森林》[2]戏票，并遇见巴塞切斯[3]。我们一起散了散步，到赫尔岑之家时已经是三点半了。赖希到得还要晚，那时我

---

[1] 工艺美术博物馆。

[2] 《森林》的作者是亚历山大·奥斯特洛夫斯基（Alexandr Ostrovsky，1832-1886年）。梅氏导演的此剧首演于1924年1月19日。

[3] 尼柯劳斯·巴塞切斯（Nikolaus Basseches，1895-1961年），奥地利记者兼工程师，生于莫斯科，父亲为奥地利驻俄总领事。他曾为奥地利多家报纸撰稿，也曾为奥地利驻莫斯科使团工作。40年代住在瑞士，为《世界周刊》和《新瑞士报》写苏联事务的文章。他的著作包括《不为人知的军队：俄罗斯军事力量的本质和历史》和《斯大林》，英译本分别出版于1943年和1952年。另有《苏联经济面面观》（1925年）。

都吃完饭了。我要了第二杯咖啡,对自己发誓别碰它。下午玩多米诺骨牌,第一次与阿斯娅联手。我们把赖希和阿斯娅的同屋打得落花流水。后者我在梅氏剧场与之相遇,赖希当时正出席 VAPP 的会。为了让我懂,她讲的是意第绪语。多讲一会儿就好懂了,但我似乎还是听不大懂。晚上很疲倦,要不就是发生了什么,要不就是她喋喋不休。我们迟到了,第一幕只好站在后排看。还有那俄语。阿斯娅直到同屋回去后才睡觉。她第二天告诉我,是同屋那有规律的呼吸使她入睡的。《森林》里有名的一幕口琴戏①真是美妙,但由于阿斯娅的事先描述,我的想象里已有了浪漫辉煌的憧憬,及至真出现在舞台上,还一时难进入其境。整出戏精彩之处纷呈:钓鱼的一幕,偏执而表演过火的演员手在颤抖,好像鱼在线上挣扎,制造了一种幻觉。恋爱的一幕,一开始是张圈追跑,然后整场猫步,从脚手架直走到舞台。我第一次掌握了舞台建筑的功能;在柏林塔伊罗夫剧团表演时②从未这样明显。照片上的更不明显。

---

① 《森林》的原本中没有"口琴戏"。这场戏只在梅氏的改编中才有,对应的是原本第四幕第五场。

② 亚历山大·塔伊罗夫剧团 1923 年在柏林表演过。

12月24日

写写我的房间。房间里的每一件家具都有块铁皮标签,上面写着"莫斯科旅馆"字样,还有登记号码。旅馆是由国家(或城市?)集体经营的。我房里的两扇窗户因要过冬被封死了。只有顶上一小页可以打开。小小的梳洗台是铁皮做的,下面上了漆,上面很光滑,另外有一面镜子。洗脸池底部有三个下水出孔,都没有活塞。一个水龙头流出细细的水。房间的热力来自外部,但就某个方位来讲,地板也算暖和的;天气不太冷时,一靠近小窗户,热气就会扑面而来。每天早上九点以前,热力开关打开时,一位工作人员就会敲门问那扇活页小窗是否关好。这是这里唯一可以信赖的事情。旅馆没有厨房,所以连一杯茶也喝不上。一次,在我们驱车去看达佳之前,我们请他们第二天早晨叫醒我们。赖希和"瑞士人"(旅馆守门人在俄国之称谓)之间就"苏醒"的主题展开了一场莎士比亚式的谈话。我们要求叫醒服务,那人答道:"假如我们记起来了,就叫醒你;如果记不起来,就不叫醒你。事实上,我们一般是会记起来的,在这种情况下,我们会叫醒人家。然而必须清楚,当我们记不起来时,偶尔也会忘了这么做。在这种情况下,我们就不叫醒客人了。我们当然没有义务,但如果及时想起来,我们自然会去做的。你要几点钟把你叫醒?——七点。我们记一下。看看,我把信息放这儿了,希望他能发现它。当然如果他没发现,他就不会叫醒你。不过一般来说，事实上我们会做的。"结果当然是我们没被叫醒。他们是这样解释的："你已经起来了，干吗还要叫醒你？"这家旅馆似乎并不缺这些"瑞士人"，他们都坐在一楼的一间小屋里。另有一天赖希问他们中的一个有没有我的信件。尽管信就在他鼻子底下，这人偏说没有。还有一次有人给我往旅馆打电话，只听见说："他早就退房走了。"电话就在走廊里，我晚上在床上经常听见咔咔的电话聊天，甚至在一点钟后。床铺中间有个大窟窿，轻轻一动就足以让它发出吱嘎声响。赖希睡觉打呼噜很厉害，常常把我吵醒；要不是困得要命我很难入睡。下午在房里我经常睡着。旅馆费每天得付，因为每超过五卢布的账就要上10%的税。花在这上面的时间和精力真是不言自喻。——赖希和阿斯娅在街上碰上了，一起来的。阿斯娅身体不适，取消了晚上同彼尔斯的约会。他俩想与我一起度过这晚。她把衣料带来了，我们一起出了门。在去玩具博物馆之前，我带她先去裁缝那儿。半路上我们在一个钟表匠那儿停下。阿斯娅把我的手表递给他。这是个犹太人，会说德语。跟阿斯娅告别后，我坐雪橇去了玩具博物馆。还没适应俄罗斯的时间感，我担心会迟到。参观了玩具博物馆。我的向导巴特兰同志①给了我一份他的研究成果《从玩具到儿童戏》，我要把它当圣诞礼物送给阿斯娅。随后去了学院，柯冈不在。我打算乘公共汽车回去，于是在车站等候。这时我看见一个开着的门上写着"博物馆"，旋即意识到对面是"西方现代艺术品第三系列展"。我本没打算参观这个博物馆，但既然站在它跟前了，就进去吧。看着塞尚异常精美的一幅作品，我突然想到"共鸣"一词在语言上也是讲不通的。在我看来，一个人掌握一幅画的程度

---

① 尼古拉·D.巴特兰（Nikolai D. Bartram, 1873-1934年?）。

似乎并不能使他进入其空间，倒是空间自行展现的，尤其是画中各具体的地方。空间以角落和角度向我们展开，使我们相信自己可以熟悉过去的经验，对这些地方的熟悉真是无法解释。塞尚作品陈列在两个屋子里，这幅画挂在第一间屋子的正中墙上，正对着窗户，光线很充足。这幅画描述的是森林里的一条小路，路的一边有一组房屋。该博物馆的雷诺阿藏品就没有塞尚藏品那么杰出。不过，有几幅他的早期作品还是不错的。头两间屋里最能触动我的是描绘巴黎大街的两幅画，一边挂着一张，像两个钟摆。一幅是毕沙罗画的，另一幅是莫奈画的。两幅画描绘的都是从空中看宽阔的街道。一幅画的视点是正中，另一幅则是斜角。事实上第二幅倾斜的角度还挺大，两个从阳台栏杆倚向大街的男人的身影在画中似乎侧得就像紧挨着场景中的窗户。毕沙罗画上占大量篇幅的是灰色柏油马路上无数的马车；莫奈画上占了一半的是一幢房子明亮的墙，房子掩映在秋天的树叶里。房子跟着半遮在树叶里的是咖啡馆式的桌椅，在阳光下的树林里这些桌椅就像古朴的旧家具。毕沙罗表现的是巴黎的空间，房顶的线条、厚实的烟囱。我感觉他对这座城市有种怀旧情绪。在一间不起眼的后屋里，在路易斯·勒格朗和德加的画作旁边，有一幅雷东的画。乘公车回来后，我闲逛了好一会儿，约定时间过后一个小时，我才终于来到赖希和我相约见面的地下餐厅。既然已经快四点了，我们不得不马上各奔东西，约定事后在特维尔斯卡娅大街上的一个大食品公司再见面。离圣诞除夕还有几个小时，商店里挤得很。我们在买鱼子酱、熏鲑鱼和水果时，碰见巴塞切斯拎着大包小包，情绪高涨。赖希的情绪则糟糕透顶。他对我的迟到表示愤怒。早上在街上买的中国风格的纸鱼一路拿到现在，另外还有别的东西，证明我有收藏癖，而这一切更令他生气。我们接着去买了蛋糕和糖果,还有一棵带有点缀品的小圣诞树。我是坐雪橇回去的。天早就黑了。我拿着圣诞树和大小包,一路挤过人群,弄得疲惫不堪。回到房间后,我躺在床上边读普鲁斯特边吃刚买的糖衣干果,这是阿斯娅最喜欢吃的。赖希七点来的,阿斯娅更晚一些。她整晚都躺在床上,赖希坐在她身旁的椅子上。等了很长时间,茶炊终于来了——先前要了几次都没要着,因为一位客人把所有的茶炊都锁在他房里,而自己却离去了——第一次在俄罗斯的房间里听茶炊呻吟。我能直接看见阿斯娅的脸,她就躺在我对面,我坐在那棵花盆里的小松树旁,体验着多年不曾感到过的东西,平安夜的一种安全感。我们谈了阿斯娅准备去从事的工作,然后话题转向我的书(论悲剧的)。我大声朗读针对法兰克福大学写的那篇前言①。阿斯娅的观点在我看来很重要。她认为无论怎样我都应该写下去:就算被法兰克福大学否决。那晚我们相互间很近。我的话引起她多次大笑。其他方面,比如写德国哲学作为德国国内政治工具的文章的念头也令她极度表示赞同。她简直不想走了,感觉又好又疲劳。不过,不到十一点她还是离去了。我立刻上床,因为晚上的活动太满,无论时间过得怎样显短。我意识到只要爱某个人,就算这人是在自己够不着的地方,时或感觉孤单,但两人之间不会存在寂寞。寂寞的感觉似乎基本上属于条件反射现象,只有认识的人(更经常是所爱的人)把它反射给我们,我们才会感到它的侵袭;而反射寂寞给我们的人自己却在享受社交的热闹。纵使是世界上根本感觉孤独的人也只有在想女人时才体验孤寂,即便是不认识的女人,或者并非孤单的什么人,只要这人不再陪伴他。

---

① 本雅明本希望把他的《德国悲剧的起源》(1928年柏林 Rowohlt 版)作为申请法兰克福大学教授资格的论文,但感觉有可能被否决,于是又不送交了。他所指的前言不是指该书的"认识论批判前言",而是一篇短序——可以看出本雅明同学院派的对立关系——出书时他删去了。

12月25日

我已停止结结巴巴说的那点俄语,决定不再继续学它,因为我亟需时间干别的事情:翻译,写文章。假如我再来俄罗斯,显然有必要带上此前所学的俄语知识。然而,既然我此刻没有为将来做打算,对这一切就不那么肯定了。在其他情况下可能还不如眼下,今后对我来说可能更难。至少,我再次来俄之前得做文学和经济上的周密安排。庆祝圣诞节的头一天,我才感到我对俄语的无知是多么令人不安并折磨人。我们当时正同阿斯娅的同屋共进晚餐——我出钱买了一只鹅。几天前为这我跟阿斯娅就争吵过。现在切好的鹅放在盘里端上来了,做得不好,太老。饭是在写字台上吃的,坐了六到八个人。席间只说俄语。冷盘是犹太风格的鱼,很好;汤也好。吃过饭后,我去隔壁打了个盹儿。我继续躺在沙发上,此刻醒着并且很悲伤,像是被什么揪住了(经常这样),是学生时代的一幕幕事,那时我常从慕尼黑去西肖普特[①]。后来,赖希或阿斯娅偶尔为我翻译谈话的内容,这更叫人觉得费劲。他们谈了好一阵关于战争学院聘请一位将军当教授的事;此人曾是白匪,内战时下命令绞死每个被捕的红军。他们争论对此事应采取什么立场。最正统的是一个狂

[①] 据格什温·肖勒姆著《瓦尔特·本雅明:友情的故事》(1981年费城版),本雅明1916年初在斯塔恩堡湖边的西肖普特朵拉的别墅开始与这位未来的妻子会面,此时朵拉仍是麦克斯·波拉克的妻子。

热的保加利亚女人。终于要离席了,赖希和保加利亚女人在前走着,我和阿斯娅在后跟着。我真是精疲力尽。那天又没有公车。赖希和我不能陪她们乘公车,没有别的选择,只好步行去第二个MKHAT。为给他的文章《舞台上的反革命》进一步收集材料,赖希想去看《奥瑞斯蒂亚》。他们给我们的座位是第二排中间的。走进剧场时,一股香水味扑面而来。我没看见一个穿蓝色紧身衣的共产党人,倒是看见几种人,这几种人不可能出自乔治·格罗斯的相册。整部戏是在灰飞尘扬的那种宫廷剧场演出的。导演不仅缺乏专业训练,而且连演出埃斯库罗斯戏剧所需最基本的常识都不具备。一个没有血腥味的沙龙式的希腊化时代似乎完全满足了他贫乏的想象力。音乐无休无止,包括大量瓦格纳乐曲:《特里斯坦》,所谓"魔火音乐"。

12月26日

阿斯娅在精神病院的日子似乎就要结束了。过去几天她躺在户外疗养证明是有益的。她喜欢躺在毯子里听空中乌鸦的叫声。她甚至相信鸟儿的组织能力很强，也井井有条，它们有一个首领下达指令做什么。按她的说法，沉寂一阵后的鸟叫就是发布命令，大家都要听从的。最近很少跟阿斯娅说私房话。不过，在互相交流的不多的话语里我发现她对我的亲近是如此的明显，我感到极大的安慰和满足。没有什么比她关心我的细微琐事更能安慰我、更能打动我了。当然，她并不是经常这样做。比如今天，在只说俄语的饭桌上，她问我昨天收到了什么邮件。吃饭前，我们三人一起玩了多米诺骨牌。饭后的情形要比昨天好。他们唱根据意第绪语歌曲改编的共产主义歌曲（我不相信他们是故意戏仿的）。除了阿斯娅，这屋里都是犹太人。有一位工会秘书长是来莫斯科开第七届工会大会的。我们送阿斯娅回去时天还早。回旅馆之前，我请赖希出去喝咖啡。接着他开始说话了：他越看越觉得孩子是一群害虫。一次在一个同志家里，我们都坐在那儿玩多米诺骨牌，等着吃饭已有两小时了，这时那家挺乖的小男孩开始哭闹。事实上，赖希脑子里想的孩子是达佳。他谈到阿斯娅时不时焦虑不堪，大多是因为达佳。赖希又讲了一遍阿斯娅莫斯科的家的故事。我常常吃惊他对阿斯娅的耐心。即便是此刻他的话语也没有丝毫苦笑或苦衷，只有我对这个话题有点紧张。

他哀叹道，一切本应随遇而安，阿斯娅的"自我主义"只会让她失败。她为今后在哪儿生活而焦虑；一想到要搬家她就痛苦不堪。基本上讲，此刻她想要的无非是几个星期的宁静，过几天舒适的布尔乔亚生活，而这赖希是无法在莫斯科给予她的。事实上，我并没有注意到她的焦虑。倒是第二天我感觉到了。

12月27日

阿斯娅在精神病院的房间。其实我们每天下午从四点到七点都在那儿。一般在五点左右,隔壁就会有个女病人开始弹奏齐特琴,通常是弹一个或半个小时。她弹的都是悲伤的曲子。空荡荡的房间里不适合音乐。然而,阿斯娅似乎并不烦这单调的琴声。我们来时,她一般是躺在床上。对面的小桌上有牛奶、面包,一碟白糖加鸡蛋一般是赖希拿回去的。不过,今天她给了他一枚为我准备的鸡蛋,上面写着"本雅明"。阿斯娅在这里穿着精神病院的病号服,灰色羊毛的。这间屋子较舒适的一角是留给她用的。除了三张不成套的椅子外,有张床头柜,上面放着杂志、书籍、药品、也许属于她的小彩碗,我从柏林带给她的冷霜、我从前给她的小镜子,斯通为《单行道》设计的封面也放那儿好久了。我一般坐在那张深深的圈椅里。阿斯娅常做针线活,给自己做上衣,看着她在一块衣料上用针线。——莫斯科街道上的灯光源。如下:冰雪反射灯光如此之强,以致街道灯火通明;小商贩们摊头点的碳化物灯的强光;汽车的照明灯在街上能照出几百米去。在其他大城市这些照明灯是禁止使用的;在这里,少数"新经济政策"的宠儿(当然也包括政府要员)可以支配少量汽车,没有比这可耻的事实更令人愤怒的了,他们去哪儿倒方便。——今天没有什么重要之事可记。早上在家工作,午饭后同赖希下象棋,他赢了我两局。阿斯娅情绪极低。我从未见她这么难侍候，她一定以为自己是海达·加布勒。她甚至不愿忍受我对她健康的起码关心。没有办法，只好让她一人待着。我们（赖希和我）的希望落空了，她最终没来玩多米诺骨牌。每次有人进娱乐室，我们都回头看，结果都不是她。牌打完后，我们回到她的房间，不过我不久又带着一本书去娱乐室了，直到七点才回去。阿斯娅以很不友好的方式送我上路，不过后来让赖希带给我那只写着"本雅明"的鸡蛋。我们刚进房间不久，她就出现了。情绪变了，她看一切又顺眼了，对下午的行为真心地内疚。不管怎样，往回看这几个星期，我意识到她的康复，至少她的神经康复从我来之后进展缓慢。——晚上赖希和我长谈了一次，谈我作为作家的工作和今后的方向。他认为我写得太啰嗦。但做过相关的观察：在伟大的作品中，所有句子和特别引人注目或卓有成果的句子之间的比例约为一比三十——而在我这里是一比二。他所讲的都是对的。（至于最后一点，也许是菲力浦·凯勒[①]在我早期严重影响了我所致的后遗症。）不过有些我自己也毫不置疑的观念使我并不赞同他的意见。这些观念可以追溯到我早年写的论文"这样的语言和人类的语言"[②]。我说他走的是每个语言实体都存在的极端：表达和交流同时并存。这显然与我们经常在一起讨论的东西有关——当代俄罗斯文学"语言解构"的倾向。语言交流方面的发展而至于排除其他一切方面不可避免导致语言的解构。另一方面，假如表达的特点被升到绝对，又走向了神秘的沉默。关于这两方面，在我看来似乎目前的倾向是更重交流。然而，一种或另一种形式的妥协总是必要的。不过，我承认，

[①] 本雅明从弗莱堡学生时代起（1913年）就认识菲力浦·凯勒（Philipp Keller）。凯勒写过一本小说叫《混乱的情感》（1913年莱比锡）。

[②] 写于1916年，死后发表，收在《断想》里。

作为一个作家，我的活动处于一个关键时期。我对他说我自己还没看到出路：单纯的信念和抽象的决心都是不够的，只有具体的任务和挑战能帮我向前迈进。他让我想起我写的关于城市的文章。[①]这是最鼓舞人心的。我开始更自信地考虑怎样描述莫斯科。为了善始善终，我读给他听我描写的卡尔·克劳斯[②]，既然他在谈话中提到此。

---

① 见《那不勒斯》。此书系与拉西斯合写。本雅明还写过关于魏玛、马赛和圣吉米格纳诺等城市的文章。
② 收入《单行道》。

12月28日

我想世上没有另一座城市像莫斯科这样拥有如此多的钟表匠了。这里的人并不太关注时间，所以就更奇怪了。我想，一定有什么历史原因的。很少看见街上的人行色匆忙，除非天气特别冷。他们已习惯跟跟跄跄走路了。（赖希告诉我，在哪家俱乐部的墙上贴着这样的标语："列宁说：'时间就是金钱。'"）说这种陈词滥调，还得把最高权威抬出来。去修理铺取我的表。——早上开始下雪，持续下了一整天。稍后有一阵暖和天气。我理解阿斯娅有多么思念柏林的雪，那裸露的沥青马路对她有多大的吸引力。这里的冬天像一个穿白色羊皮外套的农民，在雪构成的厚毛皮下的行走。——我们早上都起晚了，起来后去赖希的房间。作为小布尔乔亚家居的样板，简直不能想象哪间屋子比他的屋子更可怕。到处都是垫子罩子，落地柜也挺显眼，帘布多得令你窒息，空气中弥漫着厚尘。窗户边的一角有棵圣诞树，树枝蓬乱丑陋，树顶上有个变形的雪人。从公共汽车站走过来本来就很累，再看了这间可怕的屋子，真是叫人觉得乌云一片。赖希让我一月份搬来这里，看样子我答应得太急。这些小资产阶级室内装饰简直就像战场，任凭商品资本雄赳赳地侵入。人本的东西在这里根本无法再生存繁衍。不过就我的穴居念头而言，也许在这间屋里能完成许多事情。有待决定的是放弃目前住处的良好战略地位，还是坚守阵地，甚至冒每日与赖希失去联系的风险，他的信息对我至关重要。我们在郊区的街道散步了好长时间。他们答应带我参观一家专做圣诞树装饰品的工厂。赖希称莫斯科为"建筑艺术的草原",这些街道比市中心更像旷野。在宽阔的大街两旁,农民小木屋式的茅棚与新型别墅或外表阴郁的六层楼同时并存。雪下得很厚,当寂静突然降临时,几乎让人感到自己置身于仲冬的一个小村子里,并且是在俄罗斯腹地。一排树木后面矗立着一个教堂,有蓝色和金黄色圆顶,并且一如既往地,临街的窗户加了护棚。这里教堂的外表常常饰有圣徒的形象,就像在意大利最古老的教堂所见的一样。(比如,路卡的圣弗瑞吉阿诺教堂)①。工厂里那位妇女不在,所以无法参观。我们随即分道扬镳。我去库斯涅兹基(钢铁工人大桥)大抵是去看书店。莫斯科最大的书店(从外表判断)就坐落在这条街上。我甚至在橱窗里看到外国文学书籍,不过价格吓人。俄文书在这里几无例外都是平装的,这里的纸比德国贵三倍,而且大都是进口的。所以,这里的书似乎都节省装帧。在银行换过钱后,我在路上买了一个热点心卷儿,这种卷儿满街都有的卖。刚走几步,一个小男孩朝我闯来。我终于明白他要的不是钱,而是点心,于是给了他一块儿。——中午下棋大败赖希。下午在阿斯娅那儿。情况一如前几天,阿斯娅烦躁得很。我犯个大错,帮赖希说话,指责她荒唐的举止。第二天他告诉我,他想自己去看她。晚上,他似乎又想当我最好的朋友。按原定计划是去看伊列斯剧本彩排的,已经太晚了。阿斯娅既然不再跟我们来,我们于是去听克里斯蒂安斯基俱乐部②进行的"法律程序"。我们到那儿时已经八点半,发现人家一个小时前就开讲了。报告厅已满,不再让人进了。一位机敏的妇

---

① 实际是圣弗瑞迪阿诺教堂,建于 1112-1147 年间。
② 农民俱乐部,在特鲁布那亚广场。

女想到利用我作幌子。知道我是外国人,她就说赖希和我是她陪同的两位来访的要人,于是我们都进去了。我们走进挂着红帷幕的报告厅,里面约有三百人。报告厅太满了,许多人只能站着。壁龛里有一尊列宁半身像。程序在主席台上进行。左右两翼分别挂着两位画上的无产阶级人物,一个农民和一个工人。主席台上方悬苏联国徽。我们到时,听证会已经开始,一位专家正在作证。他和助手坐在一张小桌子前,对着辩护律师的桌子,两者都面朝主席台侧翼。法官们占着一张桌,直接面对听众;桌子前坐着被告,一个穿着黑衣服的农妇,手里拄着根粗拐杖。出席程序的人都穿着整齐。农妇被指控非法行医,导致人命。她去助产(或帮人堕胎),由于她的失误导致不幸的后果。本案的法庭辩护极为潦草。专家的证词坚持认为:那女人的死亡是被告行医直接导致的后果。辩护一方则强调:被告没有恶意,她所在的地区也没有卫生措施和医疗技术。审判的结果是死刑。农妇的话是:人总是要死的。随后主审法官问陪审团:还有问题吗?一个共青团员出现在主席台上,要求对被告处以严刑。法庭退下去商议——一阵沉寂。大家站着听读判决。有期徒刑两年,缓期执行。孤独的监禁于是被排除了。主审法官总结道:有必要在农村地区建立医疗护理教育中心。大家随后散了。我第一次在莫斯科看普通人集会。他们中也许有许多农民,这家俱乐部也是为农民办的。我参观了这里的基本设施。我印象较深的是阅览室的墙上到处是直观教具,就像儿童疗养院看到的一样。教材主要是统计数据,有的还有彩色图解,都是农民们自己贴上去的(村里的生活、农业的发展、生产条件、文化设施都有)。墙上展示的也有工具、机器零件和化学蒸馏甑等。我走近一个架子,两个非洲面具冲我龇牙咧嘴;再仔细一看,原来是毒气面罩。最后去参观俱乐部的宿舍。这宿舍是为进城办公差的农夫农妇们准备的,他们或者是个人来，或者是团组来。大房间至多有六张床，大家过夜时把衣物都放在自己床上，盥洗室一定在别的什么地方，房间本身没有盥洗设备。墙上有列宁、加里宁、李可夫等人的画像。对列宁的偶像崇拜在这里尤为令人难以置信地泛滥。库斯涅兹基街上有一家专卖列宁像的商店，各种尺寸、各种姿势、各种材料的都有。在俱乐部的共用室里可以听到收音机里播放的音乐，也可以看到一尊真人大小的列宁塑像，一副表情轻松的样子，作演说家状。大多数公共场所都有列宁像，连厨房和洗衣房都挂着他的小照片。这幢房子能安顿四百名客人。带我们进来的那位陪同越来越让我们感到压迫，我们于是决定告别，一旦自由活动，就去某个酒屋观察夜生活。我们进酒屋时，正碰上人家往外抬酒鬼。屋子不大也不挤，人们独自或三三两两在喝啤酒。我们坐得离木台子挺近，台子的背景是模模糊糊的一片草地，草地上隐约还有废墟，像是融进空气中似的。这一视觉尚不足以概括整个台子的长度。两支歌曲之后，今夜的主要节目开始了——英悉尼罗夫卡，也就是根据史诗或抒情诗之类改编的节目。这个节目的戏剧框架似乎是为情歌和农民歌曲的集成曲子做铺垫的。先是一个女人出现在台子上倾听鸟叫，然后是一个男人从侧翼上台。就这样一个一个上去直到台子上站满了人，最后是合唱群舞，每个节目如此，跟家庭庆祝节日差不多。不过，既然这种欢庆从现实生活中消失了，舞台上出现的就更能吸引小资产阶级。他们佐啤酒的东西很怪：一点白面包或黑面包，上面撒点盐，外加一盘干豆子。

12月29日

俄罗斯正在成为百姓的俄罗斯。一部重要的宣传片《世界的六分之一》①已经公布,街上雪地里有苏联地图卖,是摊贩们堆放在那儿的。梅耶霍尔德在《欧洲是我们的》②里用了一幅地图——在这幅地图上,西方是俄罗斯所属小半岛构成的复杂体系。这幅地图跟列宁像一样几成新俄罗斯偶像崇拜的核心。同时,旧式的活动仍在教堂进行。白天转悠时,我步入淑女卡赞教堂,阿斯娅说这是她最喜欢的教堂之一。它坐落在红场一角。先步入的是宽敞的前厅,周围有几幅圣徒的画像。管理这教堂的女人似乎想怎么地就怎么地。教堂里很昏暗,昏暗的灯光使人感觉鬼鬼祟祟的。在这样的房子里似乎可以培养最肮脏的勾当,甚至大屠杀,假如有机会的话。与此厅相连的是真正的礼拜之所。有几阶小梯子可以直登窄狭低矮的平台,在台子上可以走过圣徒们的画像。祭坛一个紧挨着另一个,每个都有昏暗红灯照着。侧墙都被大幅的圣徒像占着。没有被画像遮住的

---

① 贸易局委托齐加·维尔托夫(Dziga Vertov,1896-1954年)导演的片子,1926年12月31日莫斯科首映。该片展示了苏联广袤的土地和众多的民族,用兄弟般的大家庭与西方资本主义殖民剥削相对照。

② 《欧洲是我们的》是M.波德加耶茨基(M.Podgaetsky)根据伊利亚·爱伦堡(Ilya Ehrenburg)《相信欧洲是我们的》和B.凯勒曼(B.Kellermann)《壕沟》改编的一出戏。1924年6月15日由梅耶霍尔德搬上舞台。

那部分墙涂着金色。漆得让人倒胃口的顶部悬着一架水晶枝形吊灯。我从入口附近的一个座位上观察仪式，仪式包括传统偶像崇拜。人们自画着十字向大幅圣像表示祝福，然后跪下，额头碰地，再画十字于自己胸前，礼拜者或赎罪者接着进行别的仪式。在玻璃罩着的有基座的圣像前，跪礼可以省去；这样的像有单列的，也有成排的。人们只是鞠个躬，亲吻一下玻璃。我走近一看：无价的古代偶像旁边，同样在基座上放着一文不值大批生产的彩色石印画像。莫斯科的教堂要比预想的要多。西欧人是通过耸立在空中的塔顶来寻找教堂的。把长长的围墙和那么多矮圆顶改造成修道院回廊似的教堂或尖顶小教堂也真不容易。莫斯科有些地方像严闭的堡垒，其原因不言自明：在西方，低矮的塔顶是世俗建筑艺术的明显特点。从邮局发电报回来，去理工博物馆[①]久久徜徉，没能找到精神病人画展。为了补偿自己，我沿着中国城的城墙逛小摊。这里是旧书聚集之所。很难找到非俄语文学读物，连旧俄版的书（从装帧判断）也难找。最近几年，一定是解散了无数图书馆。也许只是列宁格勒的图书馆越发少了？莫斯科没少？在一个中国摊位上，我为斯特凡买了只口琴。——再说说露天市场。都是圣诞节用品（金属箔、蜡烛、烛台、圣诞树点缀品、甚至圣诞树），12月24日后仍在卖。我想会卖到第二个宗教圣诞节为止。——比较一下摊上的价格和国营商店的价格。买了11月20日和12月8日的《柏林人日报》。在库斯涅茨基大街上，许多小伙子在敲土制的小碟小碗，看它们是否结实。在阿赫特尼路上有一奇观：女人们手拿一块垫着草的生肉站在那儿，向过路

[①] 苏联政治科学知识促进会的中心，马雅可夫斯基的许多文学活动在此进行。

人兜售,有的则拿鸡或类似的东西。她们是没有执照的摊贩。她们没有钱付摊位费,也没有时间排队等着租一天或一周的摊位。当执勤人员出现时,她们拿起东西就跑。——下午的事记不得了。晚上同赖希一起去看了一个糟糕的电影(宾斯基①演的),离我旅馆不远。

---

① 伊格尔·弗拉基米洛维奇·宾斯基(Igor Vladimirovich Ilyinsky,生于1901年),善演喜剧角色。从1920年到1935年同梅耶霍尔德合作。在《大绿帽子》里他创造了布鲁诺的形象,在《老师布布斯》里创造了布布斯的形象。离开梅氏后,他到马利剧场去了。

12月30日

那棵圣诞树还站在我的房间里。渐渐地,我已熟知我周围声音的秩序。"序曲"从早晨开始,有几个"主导主题":先是我房间对过楼梯的脚步声,是往地下室去的,大抵是工作人员开始上班。然后是过道里的电话铃声,实际上一刻也不间歇,直到凌晨一两点。莫斯科的电话真好,远比柏林的或巴黎的要好。只需三四秒钟就能接通。我常听见一个孩子的大嗓门对着电话讲话。经常听数字,也就对俄文数字顺序熟悉了。然后是九点左右一个男人来挨个敲门,看活页小窗是否关上。也就是说开始供暖了。赖希坚持认为即便是窗户关上,还是会有少量煤气进屋的。这当然是有可能的,想想吧,夜晚这里有多闷。另外,暖气是从地板那儿来的,像个火山地带,哪儿哪儿都有热点。你还没起床,有节奏砸东西的声音就开始了,像是在捶牛排;他们在院里劈柴火。尽管有这些,我的房间还算安静,我还从未住过这么容易工作的房间。——谈谈俄罗斯的形势。在与赖希的交谈中,我坚持认为俄罗斯的形势目前是如何的矛盾。在外交政策上,政府在追求和平以便与帝国主义国家签订商业条约,国内方面,政府正试图搁置军事共产主义,拟进入无阶级冲突的时期,拟尽可能淡化公民的政治生活。另一方面,青年们正在先锋组织接受"革命"教育(在共青团)。也就是说,革命对他们来说不是经验,而是理论。人们正企图在国家生活中捕捉革命进步的动力——无论喜欢与否，大家都进入了恢复重建时期，同时又想储备起革命的青春活力，就像电池里储备电一样。然而，这不起作用。共产主义在俄语里已经成为一个特殊的词汇，年轻人要培养共产主义自豪感，他们是第一代受一些教育的人。恢复重建的异常困难也能从教育问题中看出。为了同灾难性的教育匮乏做斗争，政府决定传播俄语知识和西欧经典著作。（正因为此，梅耶霍尔德改编的《钦差大臣》是多么的重要，其失败是多么的要命。）如下的例子可以看出这一决定是多么有必要：列别丁斯基[①]就莎士比亚问题同赖希展开争论，他坚持认为莎翁时代尚未发明印刷。从另一角度谈：这些资产阶级文化价值观本身随着资产阶级社会的衰亡已进入一个关键阶段。看看这些价值观如今的表现方式，再看看在上个世纪资产阶级掌握这些价值观时的情形。剥夺这些价值观时也必须没收其最终取得的重要性，无论此举如何有问题甚或有害。这些价值观就像珍贵的珍珠，搬来搬去时一定要包装好，否则就要破碎。像瓦尔泽尔[②]这样的人居然当上科学院院士。其院长柯冈在《莫斯科晚报》上发表文章谈论西方文学，人为而无知地将普鲁斯特和布罗恩[③]相联系，并企图仅用几个名字向读者提供外国文学的"信息"。也许俄罗斯对西方文化的解释唯一生动得值得争论的是关于美国文化方面

[①] 尤里·列别丁斯基（Yuri Lebedinsky，1898-1959年），以小说著称，他写的小说《一周间》（1922年）和《政委们》（1925年）都是取材共产党内部事务的。他曾积极参与领导数个无产阶级作家团体，其中包括VAPP。

[②] 奥斯卡·瓦尔泽尔（Oskar Walzel，1864-1959年），文学史家。苏联科学院荣誉院士。本雅明的稿子被退后，他被邀撰写《苏联大百科全书》"歌德"词条。

[③] 阿诺尔特·布罗恩（Arnolt Bronnen，1895-1959年），作家、戏剧导演兼批评家。因剧本《弑父》闻名。布莱希特曾为此剧撰写指南。1925年后，布罗恩迅速右倾；二战后，他曾担任共产党市长和戏剧评论家。

的。如此不建立在商业关系上的文化谅解是帝国主义和平主义多样化的策略；对俄罗斯而言，这是恢复重建的一个现象。再者，信息的获取受到了苏联孤立于他国的阻碍。更准确地说：与外部世界的联络基本上是通过党来进行的，主要包括政治问题，上中产阶级被摧毁了，新兴的小资产阶级在物质上和精神上都不足以与外界建立联系。目前，一份去外国的签证，假如不是党和国家报销，得花两百卢布。毫无疑问，俄罗斯对世界要比世界（除了拉丁美洲国家）对俄罗斯所知要少。这里首先关心的是建立异常广袤土地上各民族间的联系，特别是建立工人和农民间的联系。可以说俄罗斯对世界其他地区的无知很像十卢布的票子：在俄罗斯很值钱，但在国外不被承认为通货。极有意思的是：俄罗斯电影演员宾斯基几乎什么片子都少不了他。他拙劣地模仿卓别林，却被视为大喜剧明星，只因为卓别林的电影片子太贵，观众没机会看[1]。俄罗斯政府的确没在外国电影上投多少资。那些想征服俄国市场的电影业相互竞争，俄罗斯几乎可以白拿或很便宜地买进电影，多少有如广告样片或促销样本。俄罗斯电影本身除了少数杰出者外，大体来讲不怎么样。俄罗斯电影正为题材犯难。电影审查事实上很严格。与戏剧审查很不相同，电影审查还触及题材领域，也许是把外国片的发行考虑进去了。在电影中严肃评价苏维埃人是不可能的，在戏剧中就不这样。不过，再现资产阶级生活也是不可能的。美国式的怪诞喜剧也几无空间生存，因为这种戏在技巧上没有约束。在此地一切与技巧相关的东西都是神圣的，没有什么比技巧更被认真对待了。然而，俄罗斯电影

---

[1] 本雅明对宾斯基的不屑，表明他不了解这位演员在梅氏戏剧实践当中的作用的重要性。

毕竟不懂什么是色情主义。众所周知，将爱和性生活"微量化"是共产党人信条的组成部分。在电影或舞台上表现悲剧性的爱情纠葛会被视为反革命宣传。社会问题喜剧还有存在的可能性，其讽刺的对象基本上是新生的资产阶级。对大众采取帝国式统治最先进的机器之一电影会不会在这一基础上被剥夺，仍然是个问题。——上午工作，然后同赖希去"国家电影部门"。潘斯基不在，于是驱车去理工博物馆。精神病人画展入口原来在一条小路里。不仅展览本身平庸，材料也毫无例外地没有艺术趣味。摆放得倒不错，也有一定科学价值。我们在那儿时有个解说员，但我们听到的都是每个展品所示卡片上已经说明了的东西。

赖希随后去了赫尔岑之家，我后来也去了，先在学会取当晚塔伊洛夫剧场的戏票。下午在阿斯娅那儿，仍感单调乏味。在精神病院，赖希借到一件第二天穿的毛皮外套（从一个乌克兰人那里）。我们及时赶到剧场。他们正演出奥尼尔的《榆树下的欲望》[①]。戏很糟糕，库能[②]尤其令人失望，一点意思也没有。有意思的（不过赖希正确地指出：这样做不对）是通过幕落和灯光变化把该戏弄成单场片断（电影化）。这样节奏要比正常时快得多，布景的动态更加速了节奏。场景由三个房间的交叉点构成：底层是个房间，看得到室外和出口。在某种程度上观众看见的墙呈180度角，户外的东西似乎从每一边都可以涌入。二层还有两个房间，有一楼梯可通。观众可以看到分隔楼梯的板条。看戏中的人物上下这格子后的梯子真是奇妙。石棉幕布上有六行字报告下周的节目（该剧场周一关闭）。按赖希要求，我在沙发上过夜，答应早上叫醒他。

[①] 塔伊洛夫执导的奥尼尔剧作，1926年11月在卡梅尔尼剧场首演。
[②] 艾丽霞·库能（Alicia Koonen, 1889-1974年），生于比利时，曾是斯坦尼斯拉夫斯基MKHAT成员，嫁给了塔伊洛夫。

12月31日

赖希今天驱车去看阿斯娅。大约十点，阿斯娅来（我还没收拾利索）。我们去了她裁缝那儿。整个过程枯燥乏味。这种感觉从她责备的口气开始。走到哪儿我都拉着赖希，把他累得够呛。事后她承认之所以一整天跟我发火是因为我给她买的那件绸裙。她第一次穿就皱了。我愚蠢地多了一句嘴说这是在沃坦①买的。（小扯了一个谎，但也够蠢的。）另外，我也懒得说什么，因为一直在等待柏林的消息本身就够磨人的了。我们最终坐在一家咖啡馆里待了几分钟。坐在这儿跟不坐在这儿一样，阿斯娅只想着一件事：按时回精神病院。不知道为什么最近感到我们一起度过的时光和交换过的眼神都是在耗费生命。我的不安定状况又不容掩盖事实。要山盟海誓地给予阿斯娅所要求的全心全意真是办不到的事，因为她那边没有给我友情的鼓励。她自己因为达佳还情绪不好呢。赖希带来的消息至少令她不安。我在考虑减少下午去看她的次数。连她的小屋也让我感觉一种压抑，因为现在总是有那么三四个人同时在那儿；要是有来探望她同屋的，那人就更多了。满耳都是俄语，就是一句也听不懂，要么打盹儿，要么看书。下午我给阿斯娅带了些蛋糕。她还是只会

---

① 柏林一家大百货公司。

发脾气，情绪糟糕透了。半小时前赖希来看她（我要把给黑塞尔[①]的信写完），他带来的有关达佳的消息又使她情绪激动起来。一直就这么不痛快。我早早离开，去梅氏剧场取我们当晚要看的《欧洲是我们的》戏票。在旅馆稍事停留，去说一声演出八点一刻才开始。其间去看邮件：什么也没有。中午赖希帮我同梅氏联系上，他答应给我票的。我费了很大劲才找到助理导演那儿去取票。令人吃惊的是：阿斯娅准时到了。她又戴着黄色的围巾。这些天她的脸泛着异乎寻常的光。演出开始前我们站在公告栏前，我对她说："你知道，赖希是个神奇的家伙。"——"？"——"假如今晚我独自找个地方坐下看戏，我会因感到悲惨而上吊。"就是这些话也没有能使我们的交谈活跃起来。想起来挺有意思的，我一时记不起来我们是什么时候又相互亲近起来的。现在想起来了——是在带音乐的"里希咖啡馆"那一幕，也就是部落舞蹈那幕。我对阿斯娅说："这种部落浪漫舞在欧洲已风靡十五年了，每次人们都为之倾倒。"间隙我们同梅氏讲了几句话。第二次休息时，他让一位女向导带我们参观"博物馆"，里面保存着他的舞台布景模型。我在那儿看到了《大绿帽子》[②]绝妙布景的模型；《布布斯》[③]那有名的舞台装饰，其竹制的围栏（演

[①] 弗朗兹·黑塞尔（Franz Hessel，1880-1941年），曾任出版本雅明《单行道》和《德国悲剧的起源》的 Rowohlt 出版社的主编。本雅明1922年遇到黑塞尔，在他办的短命杂志《诗与散文》上发表了一些翻译的波德莱尔的诗。在《柏林纪事》的开头，本雅明便盛赞黑塞尔的《庆祝》，他还评论过黑塞尔写的另四本书。

[②] 梅氏导演的费尔南德·克隆姆林斯克（Fernand Crommelynck）剧作《大绿帽子》的布景和服饰是由结构主义艺术家柳波夫·波波娃（Liubov S. Popova, 1889-1924年）设计的。

[③] 法伊柯剧本《老师布布斯》的布景是由什列帕诺夫（E.Shlepanov）和梅氏合作设计的。该剧首演于1925年1月29日。

员们的各种出入口,还有戏剧高潮时伴随的高低声音)①;《咆哮吧,中国!》里的船头,舞台前还有水;还有些其他东西。我在签到处签了名。最后一幕演出时,阿斯娅被枪声烦扰了。在第一次休息时,我们四处找梅氏(快开演时我们才找到他),我在阿斯娅前面的台阶上站了一会儿。突然,我感觉到她的手在我的脖子上。我的领子竖起来了,她把它翻回原处。这一触让我意识到我有多久没让人这么体贴地触摸过了。十一点三十,我们又回到街上了。阿斯娅责备我没买任何东西;她说,否则她就会跟我去旅馆庆祝新年除夕。我建议我们去一家咖啡馆,但又找不到。她也不认为赖希有可能买吃的。我伤心而无言地陪她回去。那晚下着星星点点的雪。(另有一次,我看到她外套上有水晶般的雪花,在德国不会出现这样的雪花。)到她的住地后,我半无聊,半试探她的真实感情似的让她亲吻一下告别旧年。她不肯,我转身就走。差不多就要到新年了,当然有点孤独,但并不那么悲伤。毕竟,我知道,阿斯娅也孤独。快到旅馆时,隐约听见钟声开始了。我站在那儿听了好一会儿。赖希大失所望地把我让进门。他买好了各种食物:葡萄酒、哈尔瓦甜饼、熏鲑鱼、香肠。我此刻更为阿斯娅不来我处感到不快。不过,不久我们就以欢快的谈话把时光打发掉了。我躺在床上吃了很多东西,痛痛快快地喝了些葡萄酒,以至最后讲话都费劲,机械式地动着嘴巴。

---

① 谢尔盖·特列恰柯夫(Sergei Tretiakov)的剧作《咆哮吧,中国!》布景是谢尔盖·艾菲孟柯(Sergei Efimenko)设计的,由梅氏的学生费德·罗夫(V.Fedrov)执导。1926年11月23日首演不久,又由梅氏导演。

1月1日

　　人们在街上卖新年树枝。走过斯特拉斯诺伊广场,我看见有人举着幼树苗,上面系着绿、白、蓝、红纸花,每一枝杈一种颜色。我愿写一写莫斯科的"花",不仅写雄赳赳的圣诞玫瑰,并且要写灯笼上的大蜀葵,整座城市的商贩都自豪地给自己的灯笼贴上了蜀葵。也有羊角蔬果篮形状的果馅饼,上面溢着夹馅或干果,用不同颜色的纸包着。希腊弦乐器里拉形状的蛋糕。旧儿童文学里的"果酱糖"似乎只在莫斯科留存了下来。只有在这儿能找到棉花糖机转成的各种花样糖,舌头在寒冷中对甜丝丝的冰花加以报复。也可以提一下冰霜带给人的灵感。农民们围巾蓝底羊毛上点缀的图案,就是仿照玻璃窗上的冰花的。街上的花样看也看不完。透过眼镜店的眼镜,我突然发现夜色由南袭来。看见大雪橇载着三桶花生、榛子和葵花子(按苏联法律,葵花子不准在公共场所出售)。我看见一个人在卖娃娃滑冰车。最后看见的是垃圾箱——随地扔垃圾是不允许的。再谈谈商店的招牌:有几个是罗马字母样的——泰勒咖啡馆。每个酒吧间都有俄文"啤酒屋"标志——字上的绿色渐渐变成烟熏火燎的黄色。许多商店招牌都是呈直角挂到街上的。——新年的早晨我赖在床上。赖希没睡懒觉。我们晚上聊了足有两个小时,记不得聊的什么了。快中午时我们出去,发现平时过节假日吃饭的地窖餐馆关门了,于是只好去利物浦旅馆。那天特别冷,走路真费劲。

我落座角落一个好位子，右边的窗子能看见院子里满地的雪，我现在已习惯吃饭时不喝酒了。我们随便点了些吃的。可惜上得太快，我真想坐在这有木墙的屋子里多待一会儿，这儿也没几张桌子。这家餐馆没有一个女人。我觉得这很是一种安慰。既然已摆脱对阿斯娅痛苦的依赖，我觉得自己很需要平静，并且不断发现平静的源泉。当然，首先还得吃喝。甚至一想要长时间旅行回家也让我感到安慰（只要不操心家务事，别像这些天这样）。读侦探小说（很少再读了，但我想象自己在读）、每天在精神病院玩多米诺骨牌都是间或放松我与阿斯娅的紧张。就我所记得的，今天没有玩牌。我让赖希替我买些甜橙，打算送给阿斯娅的。她前天晚上让我买了第二天送给她，我没买——我当时甚至拒绝了她的要求——因为在冷天里被迫步行了这么久，我只想喘息一下。阿斯娅接受这包水果（我没告诉她我在上面写了"新年好"）后一声没吱（没注意到我的问候）。晚上在家写作、聊天。赖希开始阅读那本巴洛克风格的书。

1月2日

我痛痛快快地吃了一顿早饭。因为不能指望午饭，赖希买了好几样东西。一点钟革命剧院演出伊列斯的剧作《阴谋》，是为新闻界演的。编剧有些误导，居然把观众渴望刺激考虑了进去，给剧本起了副标题叫《买左轮手枪》[①]，从而一开始就放弃了曲折的情节：白卫军凶手正要开枪打人（至少他暗把枪对准他们）时，被共产党人发现。该剧有一幕具有恐怖剧的效果。因为本意想描写小资产阶级的无望，所以该戏也有政治理论上的雄心。然而，就其缺乏原则、不明确、向观众无数次献媚而言，剧本的制作并未能表达这一点。甚至连王牌都扔掉了：那些很能说明问题的布景——1919年肮脏、腐朽、荒凉的奥地利的集中营、咖啡馆和兵营。从未见到过这样前后不一地处理舞台空间的：出入口都达不到应有的效果。当一个不称职的导演按自己的意图来布置舞台时，人们可以清楚地看到梅氏的舞台设计艺术是什么样的。剧场坐满了，甚至能看见穿得很正式的人来这儿看戏。伊列斯还谢了一回幕。天很冷。我穿着赖希的外套。因为他想在剧场显得有身份些，所以让我穿这衣服。在休息的间隙，我们结识了戈罗杰茨基[②]和他的女儿。下午在阿斯娅那儿进

[①] 柯罗连娃导演，艾菲门科舞台设计，1926年12月30日首演。

[②] 谢尔盖·M.戈罗杰茨基（Sergei M. Gorodetsky, 1884—1967年），诗人兼歌词作者。初写诗时宗象征派，协创阿克梅派（"为艺术而艺术"派），1912—1921年为该派成员。他为《消息报》写稿至1932年。

行了一场无休止的政治讨论，赖希也加入了。那位乌克兰人和阿斯娅的同屋为一方，她和赖希为另一方。问题还是党内的反对派。不过，这场争论连相互理解都达不到，更不要说意见一致了。按阿斯娅和赖希的意见，假如反对派从党内分裂出去，党不可避免要遭难，其他人也无法估量党的威信所受的损失。同赖希下楼吸烟时，我才知道他们争论的是什么。五人间的谈话全用俄语（阿斯娅同屋的朋友也在），我被排除在外，我又沮丧又倦怠。假如再继续谈下去，我决定离去。然而回到楼上，大家决定去玩多米诺。赖希和我一头，阿斯娅和那位乌克兰人一头。这是新年过后的星期天。"乖"护士在值班，我们待到了晚饭后，又打了两圈。我感觉好极了，那位乌克兰人说他很喜欢我。最后离开时，我们在一家点心店喝了点热饮。回去后，长谈了一阵我的自由撰稿职业，不属于任何党，也不属于任何行业。赖希对我说得是对的；假如有人按我的路子走，我也会对他这么说的。我向他公开承认过这一事实。

1月3日

我们很早就往赖希的房东太太所在的工厂去了。有很多东西可看。我们在那儿大约待了两小时。就从列宁像龛说起吧。一间石灰墙房间，里边那墙拉着红色幕布，红布边镶着金黄色，从房顶直挂下来。红色背景的左边立着列宁半身塑像——像石灰墙一样白。隔壁是一个生产金属箔的车间，有一条传送带直通这间屋子。轮子转动，皮带从墙上的一个洞穿过。墙上贴着宣传标语和著名革命家的肖像或能简洁总结俄国无产阶级历史的图画。反映1905-1907年这一时期的是一张大明信片式的图画，它相互连接地描述了街垒战、监狱、铁路工人起义、冬宫前的"黑色星期天"等场景。许多宣传是针对酗酒的。墙报也提到这一主题，按计划每个月都要出报反酗酒，实际上并未出得这样勤。整体来讲，其风格有似儿童彩色漫画：图文夹杂诗歌，各式各样的都有。墙报毕竟主要是报导厂里每天收集到的有关集体的事件。所以写某些不良现象时也带一种讽刺腔调。当然，最近在教育方面所取得的进步也以统计数字表格的形式记录。墙上的其他告示是关于卫生的：建议用纱网对付苍蝇，指出饮用牛奶的益处。这里有150名工人（三班倒）。主要产品有：橡皮筋、线团、绳子、银线、圣诞树装饰品。类似的工厂莫斯科只有这一家。这家工厂的结构显然是原始水平的工业专业化，而不是"纵向"组织的结果。同一屋子相隔几米，你能看见手工或机器进行相同的操作。右边，机器将长线卷到小线芯上；左边，一个工人用手转动大木轮子：两者的操作过程是同样的。雇员的大多数是农妇，其中有几个是党的人。她们穿的不是制服，连工作服都不是；都坐在那儿就像在做家务。她们像老妈妈一样弯腰在原地做着活儿，头发都集中在老妈妈戴的羊毛发鬏里。四周贴满了机器操作危险的警示。一个工友的胳膊卡在转动的轮子里，另一个工友的膝盖夹在两个活塞间，还有一位喝醉酒按错了开关导致短路。精细的圣诞树装饰品都是手工做的。三个女人坐在灯光通明的车间，其中一个把银线剪成段段，抓起一把，然后用一根从铜线圈上拉下的铜丝将它们捆起，铜线在她牙间走过就像是走过一个滑轮。随后她把捆捆银线弄成星星形状，再递给一个工友，后者往上糊一只纸蝴蝶或小鸟，或圣诞老人。房间的另一角有一个女人以同样的程序用金属箔做星星，每分钟能做一个。我弯腰到她转动的轮子那儿看她干活，她忍不住笑了起来。另一处在做银滚边，这是为俄罗斯边远地区制造的产品，用来做波斯头巾的滚边。（楼下制造的金属箔：一个男人用磨石把金属丝刮下。这些线给弄成原直径二百到三百分之一大小，然后被镀上银或浇上其他金属的颜色。接着被送往顶楼高温烘干。）——我后来还经过招募工人的大厅。中午时分，厂门口支起了食摊，卖的有热蛋糕和炸香肠片。从工厂我们径往格涅丁①家走去。他早就没有了两年前的年轻外表，两年前我在俄罗斯使馆第一次与他相见，那是在晚上。不过，他仍很聪明，也很令人愉快。在回答他提问时我非常小心。不只是因为这里的人一律敏感，也不只是因为格涅丁特

---

① 叶甫盖尼·格涅丁（Evgeny Gnedin, 1898-1983 年），苏维埃外交官。他的回忆录《灾难与第二次分娩》1977 年出版于阿姆斯特丹。

别依附共产主义思想；而是因为在这里你要想认真参与对话的话，唯一的方法是小心应对每一个字。格涅丁是外交部中欧事务顾问。他的生涯之所以引人注目（他已拒绝一更重要的职位），据说是因为他是 P 的儿子。我不以为没有可能详细比较俄罗斯的生活条件和西欧的生活条件，他特别同意我的看法。我去彼得罗夫卡大街申请延期六周的访问。下午赖希想自己去看望阿斯娅。我于是待在家里，吃了点东西，写作。赖希大约七点回来了。我们一起去梅氏剧场，在那儿同阿斯娅碰头。对赖希和阿斯娅来说，当晚的要事是赖希（应阿斯娅请求）将在讨论中要发言。然而，结果并非如此。他不得不在讲台上等了两小时，因为有一群与会者要求发言。坐在绿色长凳上的有卢那察尔斯基、政治教育总委员会艺术处处长兼大会主席佩尔契、马雅可夫斯基、安德列·别雷、列维多夫等，还有其他许多人[①]。在交响乐团座位的第一排坐着梅耶霍尔德本人。阿斯娅中途退场了，我送了她一程，既然我自己听不懂发言。返回时，一个反对派发言人正以煽动性的狂热慷慨陈词。尽管听众里梅氏的反对派占大多数，这位老兄还是无法赢得听众。而当梅氏稍稍露个面，场上便掌声雷动。然而，不幸的是，接下来他完全依赖自己的口气了。

---

① 阿那托里·卢那察尔斯基（Anatoly Lunacharsky，1875-1922 年），作家兼文学评论家。罗伯特·佩尔契（Robert Pelche，1880-1955 年），共产党员、新闻记者兼艺术评论家。瓦勒里安·普列特尼沃夫（Valerian Pletnyov，1886-1942 年），苏联无产阶级文化委员会中央委员会主席，1921 年任政治教育总委员会艺术处处长。诗人弗拉基米尔·马雅可夫斯基（Vladimir Mayakovsky，1893-1930 年），其在梅氏剧场的辩护收入自己的选集。安德列·别雷（Andrei Bely），鲍利斯·尼古拉耶维奇·布加耶夫（Boris Nikolaievich Bugaev，1880-1934 年）的笔名。诗人、小说家兼批评家。米哈伊尔·列维多夫（Mikhai Levidov，1891-1941 年），作家兼新闻记者。在场的还有特列恰柯夫、格罗斯曼·拉辛（J.Grossman-Rashchin）、斯洛尼姆斯基（A.Slonimsky）、沃尔康斯基（N.Volkonsky）和阿克肖诺夫（I.Aksyonov）。1927 年 1 月 9 日《真理报》报道了这场辩论。本雅明在《梅氏场剧的争论》里描述了这一幕。

一连串反击报复让大家感到厌烦。他最后把质疑全集中到一位批评他的人身上，说他攻击他只是因为攻击者曾为梅耶霍尔德剧团工作过，与老板意见不合，一席话把听众全赶跑了。他拿出文件档案，试图为自己导演的戏某些引起争议之处做具体的辩解，然而此举不再有效。他的话还没讲完，许多人就开始离席了。这会儿连赖希也明白自己不可能再介入。在梅氏讲完之前，他到我这儿坐下。梅氏终于讲完了，掌声只有零星的几个。既然下面没什么新东西了，我们没等会议继续就离去了。

1月4日

我与柯冈已约好时间见面。可涅曼早上却打电话告诉我一点三十分到学会,有人带我去克里姆林宫参观。我上午都在家。在学会聚齐的五六个人,除了我之外显然都是英国人。跟着一位很不像向导的向导,我们步行来到克里姆林宫。走得很快,我都赶不上。最后,团组不得不在克里姆林宫的入口处等我。墙里给人印象很深的首先是政府部门建筑外表维持得好得有点夸张。我只能拿这印象同小人书里摩纳哥公国里的建筑相比,书里的居民有幸住得跟统治者差不多。连房子外表的淡颜色(白色或奶黄色)都像。不过,摩纳哥公国里建筑的光亮与背景的暗淡形成鲜明对照,而这里雪地的光亮一统天下,倒是房子的颜色显冷了。随后,光亮的建筑逐渐消失,雪地似乎更广袤无垠了。就在灯光通明的行政办公楼窗户的背后,在塔和圆顶耸立在夜空中,被打败的纪念碑为胜利者的大门站岗。小汽车照明灯的光束刺穿黑夜。克里姆林宫有个很大的骑兵训练场,那些马在车的灯光里不知所措。行人在汽车和犹豫不前的马之间艰难地行进。用于运雪的一长排雪橇把马的主人隔在那一边。一群不声不响的乌鸦落到雪地上。克里姆林宫大门的卫士站在刺眼的幻光下看着,身上全副武装着赭色毛皮。他们头顶上是指挥进出大门交通的红灯。莫斯科所有的颜色都耀眼地在这里汇合了,在俄罗斯权力的中心地带。红军俱乐部也昂然立于此地。在离开克里姆林宫之前，我们参观了这个俱乐部，房间明亮干净，似乎比其他俱乐部更简朴节约些。阅览室有许多象棋桌。感谢列宁，他自己也下象棋，象棋在俄罗斯于是获免。墙上挂着木制的地势图：有意简化了欧洲的轮廓。假如你转一下旁边的把柄，列宁在俄国和欧洲居住过的地方就会——按年份亮起灯。不过这小机制不太管用，许多地方同时亮起灯。俱乐部有个借书处。我被一个告示牌逗乐了：上面的文字和图画详细告诉读者有多少种方法避免图书受污损。事实上，参观活动安排得很不好。我们进克里姆林宫时已经是两点三十了。参观完军火库①，终于到达各教堂，这时天已黑了，看不见教堂里边的东西。这些教堂的小窗户在很高的地方，室内任何活动都需要另行照明。我们参观了两座天主堂：阿肯吉尔堂和乌斯班斯基堂。后者过去是沙皇加冕的地方。沙皇的权力在无数极小的空间里得到充分体现。今天很难想象那些仪式带来过多少紧张。在教堂里，我们那乏味的导演撤了，和蔼的老勤杂工们用蜡烛慢慢照亮墙壁。不幸的是，没有多少东西可看。里边的圣像都差不多，连外行人的眼都看不出什么。不过，外面还有足够的光亮看美丽的教堂外表。我记得特别清楚的是雄伟的克里姆林宫里有一个画廊，那里的宫殿群都有金光闪闪的小圆顶，我相信那是公主们住的地方。克里姆林宫过去曾是一片森林——其最古老的教堂是"森林中的救世主堂"②。后来这块地成了教堂林立的地方，尽管末代沙皇们曾清理过教堂用以建未曾有结果的房子，但剩下的教堂仍足以形成教堂迷宫。在这里，许多圣徒塑像站在教堂外表最高处飞檐上注视着下界，就

---

① 建于 1844—1851 年。
② 该教堂建于 1330 年。

像躲在金色屋檐下避难的鸟儿。它们的头弯得像曲颈甑，诉说着悲哀。不幸的是，下午大都用在参观那军火库的巨大收藏上了。这些东西的确辉煌得令人眼花缭乱，但当你集中精力想欣赏一下克里姆林宫异常的建筑和地势时，这样做就不免分心。很容易忽略构成其美的基本条件之一：其广阔的延伸没有一样包含纪念碑式的东西。与之形成对照，欧洲几乎每个广场都在19世纪被弄上纪念碑，从而亵渎并玷污了原有无形的结构。克里姆林宫藏品中有一样给我印象很深：拉祖莫夫斯基亲王①送给彼得大帝女儿的一辆马车。其起伏不平的装饰令稳站在地上的任何人都感到晕眩，更别说想象它在路上的颠簸了。等了解到这是走海路从法国运来时，不舒服的感情更是到家了。所有这些宝物都是以一种没有未来的方式获得的。——不仅是它们的样式，就是获得它们的方式现在看来也都过时了。这些东西在最后的主人那里一定是负担。可以想象那些人知道自己能随意处置这些东西时神智失常的样子。现在收藏馆的入口处挂着列宁的像，就好像皈依的异教徒在原先供神的祭品那儿钉了个十字架。那天其他时间打发得很不好，午饭别提了，我离开克里姆林宫时大约四点。我去阿斯娅那儿时她还没从裁缝那儿回来。只有赖希和阿斯娅那躲不掉的同屋还在。然而，赖希等不及了；他走后不久阿斯娅出现了。不幸的是，我们终究谈起那本巴洛克风格的书，她谈了自己平时对这些问题的看法。然后，我给他读《单行道》里的章节。那晚戈罗丁斯基（？）约我们出去。就像前些日子去格拉诺夫斯基那儿一样，我们误了晚饭。正要离开时，阿斯娅来跟赖希要再说几句话。等我们在约定地点出现时，只有他女儿在那儿了。那晚同赖希

---

① 安德列·基里洛维奇·拉祖莫夫斯基（Andrei Kirillovich Razumovsky，1752-1836年）。

没什么好做的。我们东逛西逛餐馆吃点什么，找到一个极简陋的吃摊，只有几样粗制的木器，最后在鲁比安卡街附近一个不太满意的啤酒屋落脚，食物糟糕极了。然后在伊列斯家待了半小时——他不在，不过他妻子给我们泡了些极香的茶——然后回家。我本想同赖希去电影院看《世界的六分之一》的，可他太累了。

1月5日

莫斯科是最安静的大城市，有雪的时候就更安静了。马路交响乐中主要的乐器——汽车喇叭在此很少奏响，小汽车也没有几辆。与世界其他中心城市相比，莫斯科报纸也不多，基本上只有一张，一张每天下午三点左右出的晚报。街头小贩的喊声也很压抑。街头贸易本身就是非法的，也不想引起人的注意。所以，商贩跟路人兜售即便不是耳语，也是压低了嗓门进行的，像是乞丐行乞的调子。在这里大街上只有一种人声势浩荡地行事，那便是衣衫破烂之徒，他们那哀伤的叫喊一周一次或几次回荡在莫斯科的每一条街道上。莫斯科的街道有一样很奇特：居民生活区就像在街道里做捉迷藏游戏。假如你穿过任何一个大门——它们常常有铁栅栏，但我从未碰上一个上锁的——你会发现门里面是空旷的居民区，面积广大得似乎这个城市的空间不要钱。在你眼前展现的要么是个农庄，要么是个居民生活区。地不太平，孩子们在坐雪橇，铲雪。木工棚、工具或煤塞满了角角落落。到处是树木，房屋的后面或侧面都是原始的木梯或辅助建筑。俄罗斯农庄房屋的外表从前面看很有都市的韵致。于是街道有了风景的榜样。——事实上，莫斯科没有什么地方像这座城市本身，倒更像是它的郊区。湿润的土地、小木屋、长长的原料运输车队、要赶去屠宰的牲口、穿着寒酸的富人在这座城市的大部分地区都能找到。我走在苏卡列夫斯卡娅大街时，这一切就看得更清楚了。我要去看著名的苏卡列夫公园。这是个大市场,有一百多个商亭。我是从废铁收购站那儿进去的,那儿紧挨着尼古拉耶夫斯基大教堂,其蓝色的圆顶耸立在市场上空。人们把商品就摊在雪地上,有旧锁、米卡尺、手工工具、厨房用具、电器等等。这里也修理东西,我看见有人在一团火上焊着什么。没有地方可坐,大家只是站着聊天或交易。市场一直延伸至苏卡列夫斯卡娅大街。当我在无数商亭中穿行时,我意识到这种综合市场也是莫斯科街道的一大特点。走过钟表区或服装区,再走过机器零件或电料中心,然后是整条街,旁边一家商店也没有。在这市场上,商品有着建筑韵味的功能:布料是扶壁和柱子,鞋子一排挂在柜台上方的绳子上成了商亭的屋顶,大手风琴制造了声墙,像是门农墙①。在这里的玩具摊上我终于找到茶炊形状的圣诞树点缀品。我还是第一次在莫斯科看见有卖圣徒像的货摊。它们大都是传统式样的圣徒像;银箔上印着圣母玛丽亚长袍的褶子;只有她的手和头是彩色的。也可以看到小玻璃盒里放着圣约瑟夫(?)的头,头上点缀着光亮的纸花。同样的花大捆大捆地在露天卖,它们比花毯或生肉在雪地里更显得多彩。这一块属于纸品和美术品交易市场,卖圣像的商亭紧挨着纸品柜,结果到处都被列宁像包围着,就像被警察看守的囚犯。也有卖圣诞玫瑰的,不过没有租摊位,时而出现在食品区,时而出现在纺织品区,或者在卖桌椅的那儿。不过它们的光彩胜过一切,比生肉鲜艳,比亮色的毯子好看,更比闪光的碟子漂亮。朝苏卡列夫斯卡娅大街方向的市场渐渐稀疏了,直至通向墙之间的窄道。儿童玩具摊卖过家家的东西、小剪小

---

① 门农(Memnon):埃及底比斯附近阿门霍特普三世的巨大石像,每在日出时发出竖琴声,170年经罗马皇帝修复后不再发声(据陆谷孙主编《英汉大词典》)。——译注

刀、毛巾之类。我看见两个人站在墙根儿唱歌。自那不勒斯以来我还是第一次碰上有人卖魔术用具。他面前有一个小瓶子，小瓶里坐着个大布猴。不知道那个大布猴是怎么进小瓶里的。事实上，只要把那人卖的小动物放进瓶子里，瓶子里的水就能把它泡大。一个那不勒斯人过去卖过类似的花束。我沿着萨多瓦亚大街步行了一会儿，约两点半钟去见巴舍切斯。他有很多话要说，有些是有指导意义的，但那些重复的话和不相关的话只能表明他想得到承认。不过他人不错；他给我提供的信息、借我的德文杂志、为我安排的秘书都很有用处。——下午我没直接去阿斯娅那儿：赖希要单独和她说点什么，让我五点半再去。后来我几乎没怎么跟阿斯娅说上话。首先，她的健康再次恶化，身上发着烧。本来这是更能让她静静地说话的，可是赖希寸步没离开她；还有那位无可救药的同屋，讲起话来眉飞色舞，每个话题都要占上风，还有——真是登峰造极——她懂德语，把我剩余的一点精力全耗掉。在我俩独处的很少的片刻里，阿斯娅问我是否能再来俄罗斯。我对她说如果不学会点俄语，我就不会再来。也要看其他几个方面：钱，我的情形，她的信。她说得则含糊其辞，说是要看她的健康如何，我知道她向来是含糊其辞的。我离去了一会儿，回来给她带来她要的橙子和哈尔瓦甜点，让楼下的护士转交。赖希要用我的房间跟他的翻译工作。我不知是否该独自去塔伊洛夫那儿看《夜与昼》[①]。我去（阿尔巴特电影院）看《世界的六分之一》。不过，很多内容都没看进去。

[①]《夜与昼》由塔伊洛夫搬上舞台，首演于卡梅尔尼剧场。

1月6日

昨天下午我发了封电报祝贺朵拉的生日。然后我走过整条米雅斯尼茨卡娅大街来到"红门",走进通往四面八方的宽阔横街之一。天色已经黑了,这次散步让我领略到了莫斯科庭院的景致。我到此已在莫斯科待了一个月。今天没什么可记的,没有什么事。在一家好客的小点心店喝咖啡(我也许今后常来当回头客),赖希为我分析了一下昨天我看的电影节目的内容。然后到巴舍切斯那儿向秘书口授了点什么让她打字。他为我安排了一位迷人和蔼的秘书,特别称职。不过,一小时得付三卢布呢。还不知道能否支撑得下去。口授打完字后,巴舍切斯陪我到赫尔岑之家。我们三人一起吃的饭。饭后赖希立刻去阿斯娅那儿了。我得跟巴氏多待一会儿,甚至安排好明晚跟他一起去看《风暴》①。最后他送我到精神病院。楼上一片荒凉。大家都在看我放肆地带来的德文杂志。最后,阿斯娅决定去裁缝那儿,赖希宣布要陪她去。我在门口向她说了声"再见",迈着艰辛的步子回家。希望落空了,当晚她没来看我。

---

① 弗拉基米尔·彼尔·贝洛采尔柯夫斯基(Vladimir Bill-Belotserkovsky,1884-1970年)剧作,1925年由柳比莫夫—兰斯柯伊(E.Liubimov-Lanskoi)搬上舞台。

1月7日

俄罗斯的国家资本主义保留着通货膨胀时期的许多特点。首先是国内事务没有明确的法律依据。一方面,新经济政策已经官方确立;另一方面它是在国家利益的名义下得到人们宽容的。任何主张新经济政策的人一夜之间可能因经济政策的转变或宣传调子的过时而成为牺牲品。然而,某些人手里的确积累了财富,在俄罗斯人看来这些财富还是巨额的。我听说有人纳三百万卢布的税。这些公民是战时共产主义英雄主义的对立面,他们的主义是新经济政策主张者①的英雄主义。大抵说来,这些人发现自己的意愿尚未被考虑就朝着这方向走了。就国内贸易来讲,新经济政策时期的显著特点恰恰是政府投资仅限于基本商品。这为新经济政策主张者的买卖创造了有利条件。通货膨胀时期的另一特点是购物证,只有配额购物证能在国营商店买东西,所以会出现排队的现象。硬通货是稳定的,但展柜里的东西许多价格只对购物券有意义,纸于是在交易中扮演主要角色。甚至人们对衣着的无所谓态度在西欧也只能在通货膨胀时期看到。必须承认,不注意衣着的习惯在此有所转变。曾经是统治阶级的制服,现在几成生存竞争中最弱的标志。在剧场里,最正式的衣服如凤毛麟角,就像几周大雨后出现在诺亚方舟上的鸽子。人们的外表很一致,很无产阶级:典型的西欧式帽子,软帽或礼帽

---

① 在此本雅明用了德文动词 neppen,意为"欺诈"。

则完全消失了。最突显的是俄式皮帽或运动帽。姑娘们也戴运动帽，很迷人，也很撩人（长长的突出的帽舌）。一般在公共场合不脱帽子，按一下帽子就算是很随意的问候了。穿着的其他材料也以东方的各种衣料为主。毛皮外衣、绒布夹克、皮夹克；男女服装都是都市的典雅和乡村服饰相融合的产物。如同其他大城市，这里到处都能看见（女人穿的）乡村民族服装。——今天我上午在家时间最多，然后去看学院院长柯冈。他办事的不善始善终我一点都不吃惊，人人对我都这样。在卡梅涅娃取戏票。在没完没了的等候中，我翻阅一本俄国革命标语方面的书籍，里面有许多插图，有些还是彩色的。我想，无论这些宣传口号和宣传招贴画多么有效，它们还是不脱资产阶级装饰艺术的风格。对宣传而言，这种艺术又不十分先进。在赫尔岑之家我没碰上赖希。在阿斯娅那儿，我开始发现我们是单独在一起的，但她非常忙乱，或许她是装的，为了避免同我谈话。赖希随后到了。我去巴舍切斯那儿弄当晚的戏票。电话找不到他，所以只好去一趟。整个下午头痛。稍后我们同他的女朋友一起去看《风暴》，那女的是唱歌剧的，很拘谨，也不伦不类，戏一完就立刻往家走。《风暴》描写的是战时共产主义的生活片断，侧重写农村伤寒流行的情形。巴舍切斯慷慨地为我当翻译，演技比平时的要好，那晚看戏收获不小。如同俄罗斯戏剧一般所缺的（赖希语），这出戏缺少戏剧情节。在我看来，它有纪实新闻的价值，而没有戏剧价值。大约夜里十二点，我在克鲁佐克①吃饭，和巴氏一起，在特维尔斯卡娅大街。因为是（旧历）圣诞节的头一天，俱乐部没这么热闹。饭菜好极：伏特加酒有草药味，颜色是黄的，更容易下咽。商讨为俄国报纸做关于法国艺术和文化报告之事。

---

① 克鲁佐克类似俱乐部。19世纪40年代一群年轻知识分子聚集在此讨论政治哲学问题。

1月8日

早上去换钱,然后向秘书口授打字。关于梅氏剧场那场争论的报道也许多少还行,而为《日记》写的莫斯科记则无法有任何进展。那天一早就跟赖希发生争吵,因为我(有点欠考虑)把巴舍切斯带到赫尔岑之家。又是一个教训。在这里事事得小心。这是生活彻底政治化的最明显症状之一。在使馆口授打字时没见到巴舍切斯,真让我松了一口气,他还没起床。为了避免去赫尔岑之家,我买了些鱼子酱和火腿在家吃。四点三十到阿斯娅那儿,赖希还没到。一个小时后他才来,告诉我在路上心脏病又犯了。阿斯娅的病情更糟了,她自顾不暇,根本就没注意到赖希来了。她又在发烧。她那此刻令人难以忍受的同屋几乎一刻也不离房间,甚至还接待自己的客人。事实上,她平时是很友善的——只是她老围着阿斯娅转。我读了一下《日记》写作计划,她做了些相关的评论。在谈话过程中甚至有了一定的友善。后来我们在她房里玩多米诺骨牌。赖希到了之后我们四个一起玩。赖希当晚有个会。七点左右我同他在平时去的点心店喝咖啡,然后我回家。现在越来越明了:我的工作即将开始,需要做切实的计划。翻译是无法提供这种框架的。事实上,这一框架首先有赖我的立场。阻碍我加入德国共产党的纯系外部因素。现在加入似乎正是时候,错过机会也许就有危险。正因为党员资格只是我生活中的一个插曲,再拖延似乎不可取。不过,仍有外在因素迫使我问一下自己,有否可能通过勤奋工作具体地经济地给自己找个左翼局外人的位置,这样我就能继续在自己的领域广泛工作。这种工作能否不间断地进入另一个阶段还是个问题。即便是如此,"框架"还得外部环境支持,比如说有个编辑的职位。不管怎样,前面的路似乎与从前的路不同,男女情事越发不成为决定因素。我对赖希和阿斯娅的观察从某种程度上讲使我对这一点更加清醒。我注意到赖希能左右阿斯娅的情绪,似乎行为举止也不在乎我看了是否恶心。就算是表面文章,也挺够人烦的。这些都是因为他在此为自己的工作找到"框架"所致。除了他的工作为他提供的事实上的一切联系之外,另一事实也在起作用:他是统治阶级的成员。正是整个权力结构的变化使这里的生活有了异乎寻常的意义。这种生活与世隔绝、充满事件、越变越穷,同时又充满克隆代克式①淘金生活的各种可能性。对权力的挖掘从清晨到夜晚,无休无止。这里的无数双眼睛在一个月里对个人的监视使整个西欧情报部门存在的计划相形见绌。这种情形在一定程度上使人忘乎所以;如此,生活就不可能没有会议、机构、争论、决议和选举(而这些又都是战火纷纭的,至少权力意志的运作)。正是这种……(生活目标)②无条件地迫使人表明立场,使人左右为难,不知是留在充满敌意、一切外露、令人不舒服并且是树欲静而风不止的场景里好,还是在乱哄哄的舞台上扮演某种角色好。

---

① 加拿大西北部克隆代克河河谷 1896 年发现金矿,引起淘金热。
② 此处原迹不清,文系编者猜测。

1月9日

　　进一步考虑：入党？显然有好处：一个稳固的职位，一纸委任，哪怕没有形式。有组织有保障地与其他人发生联系。另一方面，在一个无产阶级统治意味着完全放弃个人独立的国家做一个共产党员。也就是说，你把组织个人生活的责任推给了党。然而，在无产阶级受压迫的地方，这种选择意味着团结到被压迫者周围，不管迟早出现的后果怎样。先锋队角色的诱惑：假如不是同仁们的生活行动表明这种角色有多么的模糊不清，其诱惑还真是存在。在党内：对把自己的思想划入预先建立的势力范围极为有利。最后分析一下留在党外的可能性：这要取决于是否能采取边缘立场，既能实现自己的明确目标，又不会站在资产阶级一边，或反过来影响自己的工作。是否能为我将来的工作找个具体的合理理由，尤其是以形式或形而上学为基础的学术工作。假如学术的形式的确存在革命，那这"革命"是什么？我一反常规地隐名埋姓于资产阶级作家中有无意义？是否为了我的工作，就应该避免"唯物主义"某些极端的东西，或在党内唱不同的调子？与问题并存的是我迄今所为专门工作中一以贯之的精神储备。假如我的工作不能按我的信念进行，或者我不能按自己的信念组织生活，那解决战斗的唯一方法是入党——至少该试验一下。只要我继续旅行，入党的事就显然不能成。——今天是星期六，翻译了一上午。在基米特洛夫卡大街的一个小餐馆吃的午饭。下午在阿斯娅处，她感觉极不好。晚上独自在房里从事翻译。

1月10日

今天上午与赖希发生争论，意见极不合。他已决定听从我的建议由我读给他听我写的关于梅氏剧场那场争论的报告[①]。其实我不愿再做这件事，但还是硬着头皮读给他听。就前几次关于我给《文学世界》投稿的交谈而言，类似谈话不会产生什么好结果。于是，我草草读之了事。我在椅子上的坐相不好，眼睛直看着灯，仅凭这一点就知道他会做什么反应。赖希极消极地听着，我读完后，他只说了几个字。他说话的口气立刻导致争吵，而争吵的内容与文章批评毫不相干，因为用不着提缘何而起争吵。正谈着，有人敲门——阿斯娅出现了。她不久又离去了。她在场时，我说得很少：我只顾翻译。在心情极糟的情况下，我去巴舍切斯那儿向秘书口授几封信和一篇文章。我觉得这位秘书虽有淑女的端庄，却极随和。我听说她要回柏林，就给了她我的名片。我不想在午饭时再见到赖希，于是买了点吃的在房间里用。在去看阿斯娅的路上我找了个地方喝咖啡，看过她后在回家的路上又去喝了点。阿斯娅感觉很不好，一见面就觉得累，我让她一人待着，好让她睡会儿觉。不过，在房间里我们单独相处也有几分钟（或者她做得像是我们单独相处的样子）。

[①] 发表于 1927 年 2 月 11 日《文学世界》(*Literarische Welt*)，题目为"梅耶霍尔德导演在莫斯科完了？"

这时她说等我再来莫斯科时,她的病好了,我就用不着独自在马路上闲逛了。不过,如果她的病在这里好不了,她就会去柏林;我得把我屋子的一角用屏风隔断给她用,她按德国大夫的疗方治病。我在旅馆独自度过夜晚的时光。赖希来得很晚,来后复述了几件事。经过今天上午的事,我至少清楚这一点:我不能就在此停留的任何事情上依赖他。假如没有他,安排事情都要花钱,那唯一明智的选择是离开此地。

1月11日

阿斯娅还需要打针。她想今天去诊所。我们事先约好她上我这儿来找我,我陪她坐雪橇去那儿。然而,她直到中午才来。精神病院已给她打了针。打完针后她显得有点亢奋,我们单独在楼道里(她和我都要去打电话)时,她像从前那样大胆地紧拉我的胳膊。赖希已在屋里坐定,看样子不像是就要走。尽管阿斯娅最终来我这儿了,也毫无意义。我拖延了几分钟才离开,那也不管用,她说不愿陪我去。我于是让她和赖希单独在一起,自己则去彼得罗夫卡(可还是无法拿到我的护照),然后去美术馆。经过这一小插曲,我终于决定安排行程回国,毕竟日子也快到了。美术馆里没什么好看的。我后来才知道拉廖诺夫和冈察洛娃①都是大名鼎鼎的画家,而他们的东西的确无价值。就像三间屋子陈列的大部分东西一样,这些作品似乎大受同时期巴黎和柏林绘画的影响;他们模仿得很拙劣。——近午时分我在文化处等待数小时拿马利剧场②的戏票,好跟巴舍切斯和他的女朋友一起去看。他们未能同时与剧场电话联系通知对方,结果我们的票当晚无效。巴舍切斯独自来了。我想跟他一起去看电

---

① 米哈伊尔·拉廖诺夫(Mikhail Larionov,1881-1964年)和娜塔丽娅·冈察洛娃(Natalia Goncharova,1881-1962年)都是前卫画家(人造纤维派、色彩立方派),从1915年到1929年,夫妇俩曾合作在法国为佳吉列夫的俄国芭蕾舞制作布景。

② 国家级的学院小剧院。

影，而他却想吃东西，于是我陪他去萨沃伊饭店；这家饭店比莫斯科大饭店①规模小。跟他在一起我也烦了。除了个人私生活，他任何话都谈不了，即使是谈了，也要表现出他的消息是多么的灵通，自己多么善于向别人透露消息。他不停地翻阅《红旗》②。我陪他在车上逛了一会儿街景，然后径直回家，译了点东西。——那天早上我在彼得罗夫卡第一次买到漆盒。几天来，我在大街上只特别留意一样东西：这次是漆盒。心血来潮。我本想买三个的——但不完全清楚同时买的另两个送给谁。那天我买到的盒子是两个姑娘坐在茶炊旁的图案，很漂亮——尽管这个盒子不是漆器工艺③中最美的那种纯黑色的。

---

① 萨沃伊和莫斯科大饭店是莫斯科两大著名宾馆。
② 德国左派社会民主党人的革命组织斯巴达克同盟的刊物，也算共产党刊物。
③ 本雅明曾写过《俄罗斯玩具》一文。

1月12日

今天在库斯塔尼博物馆我买了一个漆盒,上面画着一个卖香烟的姑娘,底色是黑的。姑娘身旁有棵细挑的小树,树边上有个小男孩。画上是冬天的景致,地上有雪。画上有两个姑娘的漆盒表现的也是下雪的天气,她们拥坐的屋子有扇窗户,窗户似乎充满霜气,颜色是蓝的。不过,也不一定。这只新盒子要贵得多。我从一大堆漆盒里挑出这一只,其他的大抵丑陋得很:斯拉夫式的模仿旧大师们的作品。尤其贵的是镀金的盒子(工艺风格较古),但我不太喜欢。大漆盒上画的基调很现代。卖货的人身穿的围裙上有"莫斯科农产品改造公司联合会"①的缩写字样。我知道自己曾在圣昂诺郊区那条马路的一家非常典雅的商店里看到同样的盒子,我盯着看了好久。那次我抵挡了诱惑没有买,我是想阿斯娅应当送我一个——或者等到了莫斯科再说。我对漆盒的热情可以追溯到英特拉肯那次在布洛赫和艾尔茜合住的公寓②留下的深刻印象,其中有一只漆盒至今没有忘怀。从这我能想象底色为黑色的漆盒能给孩子们留下多深刻的印象。不过,我已忘记布洛赫家那只盒子装饰的基调。——今天我还发现一些奇妙的明信片,我久在寻找的那种,沙皇时代古老的白

---

① 马雅可夫斯基和罗琴科的宣传诗曾使这家企业名声大震。
② 恩斯特·布洛赫(Ernst Bloch,1885-1977年)同妻子艾尔茜从1917-1919年住在瑞士英特拉肯。

象，主要是水彩版画，也有西伯利亚风景（其中一张我要用来给恩斯特〔·布洛赫〕增添些神秘感）等。这些都是在特维尔斯卡娅大街上的一家店里买的。因为店主能讲德语，我也就没有平时买东西那么紧张尴尬，可以从从容容地看。那天早上我起得很早，出门也早。阿斯娅是十点左右来的，发现赖希还在床上。她待了半个小时，谈对那些演员的印象并模仿创作"旧金山"的歌手唱歌，那是一支下等酒吧常听的歌，她显然经常听到他唱这首歌。我是在卡普里知道这首歌的，她在那儿时不时唱它。我本希望上午陪她一起去咖啡店的，但已经太晚了。我送她上公共汽车，然后独自去干自己的事。她早上的来访对一整天都有好的影响。我承认刚到特列恰可夫画廊时有点不高兴，我早期望参观的两个屋子都关闭了。不过，其他屋子的展览证明也是个惊喜：我还从未像现在这样置身于不熟悉的艺术的收藏流连忘返，身心完全放松，孩子般地渴望知道画中的故事讲的是什么。美术馆里半数画作是俄罗斯风俗画，创办人从1830年（？）起开始收藏，藏品几乎完全集中于当代艺术家。后来他将收藏的范围拓展至1900年前后。除了偶像之外，最早的作品似乎可以追溯到18世纪下半期。这家美术馆提供的主要是19世纪俄罗斯艺术概貌，这一时期风俗画和风景画占上风。我于是得出结论：在欧洲所有民族中，俄罗斯人将风俗画发展到极致。美术馆的墙上满是情节性绘画，描述的是生活各个领域的场景，几乎把画廊变成一本大画书。事实上来这里参观的人远比我在其他地方看到得多。看到他们成群结队地跟着导游或独自站着参观，在展室里穿梭，我意识到他们是多么的惬意，多么的不像参观西方美术馆的少数无产阶级那样表现出乡下人的愚昧和紧张。首先，因为这里的无产阶级已开始真正占有资产阶级的文化资源；其次，收藏品本身以最平易近人的方式展现在无产阶级面前。在这些作品中他们能认出自己的历史中的生活素材。"可怜的家庭女教师来到有钱的商人家"、"警察奇袭阴谋分子"等都是这种东西。事实上这些场景都是以资产阶级艺术精神来表现的，但这丝毫没有损害这些作品——事实上更易使观者接近它们。（正如普鲁斯特常常令我们明白的那样）眼光并不完全是"杰作"培养的。相反，刚开始了解艺术的儿童或无产阶级能认出某些作品是杰作，他们的标准完全不同于收藏家的标准。这些作品在他们眼里有着非常现实的意义。最有生命力的标准只用在最相关的艺术上，这艺术涉及的是他们，他们的阶级、他们的工作。——在最先参观的一个展室里，我久久地站在两幅谢德林[①]的画作前，一幅画的是苏连托港，另一幅也是描绘同一地区的风景。两幅画都包含无法描绘的卡普里的轮廓，这是在我心中与阿斯娅相连的所在。我要为她写一句诗，但忘了带铅笔。我刚进来参观时那种对题材的关注继续决定着我看其他展品时的精神。见到了几幅精美的画像：果戈理、陀思妥耶夫斯基、奥斯特洛夫斯基、托尔斯泰。有一梯子通到楼下，楼下展有许多韦列夏金[②]的画作。——我轻松愉快地离开了美术馆。事实上，我进来时就感到轻松愉快，主要是因为车站附近那座红砖教堂。天气很冷，但也许还不像我那天朝这方向逛悠寻找这家美术馆时那样冷。我那天竟没找到，其实它就在我眼前。今天晚些时候与阿斯娅相处得也不错。快到七点时赖希走了，阿斯娅送他下楼，在楼下待了好久。在她终于出现之前，我一直单独待着。我们一起待着的时间只有几分钟。我现在不记得当时的情

[①] 西尔维斯特·谢德林（Silvestr Shchedrin，1791-1830 年），俄罗斯风景画家。
[②] 瓦西里·韦列夏金（Vassily Vereshchagin，1842-1904 年），以军事题材著称的俄国画家。

形了：好像是突然深情地望着阿斯娅，感觉她也依恋我。我简单地向她讲了一天所做的事情。我不得不离去，把手伸给她，她用两只手抓住我的手。她倒愿意接着聊下去，我对她说如果她上我那儿去，我就取消当晚去塔伊罗夫那儿看戏的计划。最后她说大夫可能不让她出门。我们商量哪天晚上她上我那儿去的可能性。——塔伊罗夫那儿演的是《夜与昼》，是列柯科①写的轻歌剧。我和事先约好碰头的美国人见了面。不过，他的女翻译全神贯注在他身上，我没听见多少译文。剧情错综复杂，我也只能看看可爱的芭蕾舞场景。

---

① A.C. 列柯科（A.C.Lecocq，1832-1918年），《夜与昼》由塔伊罗夫在卡梅尔尼剧场上演。

1月13日

  一天都在下雨,晚上才停。另外,天也变得很冷:平均温度约(零下)二十六度(列氏温标)。我都快冻僵了。连手套也不管用,上面全是洞。上午一切顺利。正要放弃希望时在彼得罗娃找到了旅行社,也了解到机票的价格了。随后想坐九路巴士去玩具博物馆。车在阿尔巴特街上坏了,(真愚蠢)以为会停很久,下了车。刚过阿尔巴兹卡娅市场,怀旧似的看着它,想起第一次在莫斯科逛圣诞市场美丽的商亭。这回幸运之神以另一种方式降临到我头上。昨天晚上精疲力尽,希望在赖希之前到我的房间,进门发现他已在那儿了。我为不能独自待着而懊恼(因为上次关于梅氏剧场争论文章而发的口角,我见到赖希就来气)。像平时常有的举动一样,我马上搬台灯到床边的一把椅子上。插头和天线接触又不好了,我急切地趴到桌上去修电线,身子很不舒服。捣鼓半天,还是短路了。——无疑得旅馆来修了。仅靠屋顶的灯光不可能工作,头几天就存在的麻烦又来了。我躺在床上,然后我想到了——"一支蜡烛"。不过,那也不是件容易办的事。让赖希帮我办事越来越不可行了。他自己事也不少,况且情绪不佳。还有可能靠自己,尽管只能说一个单词的俄文。可就那一个单词还得阿斯娅提醒一下。一切期望只寄托在一丝运气上,假如这儿的商亭柜台上有蜡烛,我就用手指。因为这,一天的好心情完了。我都快冻僵了。想去"新闻之家"①看视觉艺术展览，可是关门了。肖像博物馆也关门了。现在我明白了：按旧历算今天是新年。肖像博物馆在很远的地方，我也不认识，只好坐雪橇去。下雪橇后，感觉很冷，走路很困难，同时意识到博物馆不开门。这种时候，光是语言不通就能使人做出荒唐的事情。真是又浪费时间又浪费精力。我发现对面有公共汽车并且没有想象得那么远，于是回家。——我是在赖希之前到赫尔岑之家的。当他到来时，用这样的话问候我："你不走运。"他去《百科全书》编辑部了，把我的"歌德"词条放在那儿，拉捷克②正好进门，看见桌上的手稿，把它拿起来。他以怀疑的口气问是谁写的。"每页纸上阶级斗争这个词组出现十次。"赖希指出不是那么回事，说歌德影响最大的时候正值阶级斗争激烈时期，所以不可能避免这词组。拉捷克道："问题是此时写这东西。"有鉴于此，这个词条被采用的可能性极小。负责百科全书编撰的领导人更是不允许自己有个人的看法，那样太不安全，哪怕是权威人物玩笑似的道出点什么。赖希比我对此事更不愉快。对我来说，那天下午跟阿斯娅商量这件事时就见到端倪。她上来便说拉捷克的话一定有来头。我一定有什么不对头；我不懂这里的规矩，也不知别人会如何评价。我直截了当地对她说，她的话只表明她的胆小，表明她无论如何会随着风向转。赖希来后不久，我就离开了房间。我知道他会对阿斯娅讲述一切，不想让他当着我面说。我希望阿斯娅晚上能来我这儿，所以尽管赖希在，我还是在走之前向她提起此事。我买了各种东西：鱼子酱、蛋糕、糖果，甚至还有给达

---

① "新闻之家"，一个记者俱乐部。

② 卡尔·拉捷克（Karl Radek，1885-1939年），党的高层领导人，1920年共产国际主席团成员，1927年作为托派分子遭清除。

佳的礼物。赖希打算第二天开车去看达佳的。随后，我在房里吃晚饭，写作。八点过后不久，我不再指望阿斯娅能来。我这样等她已经有很久了（事实上如此）。我刚在脑中想象等待她的情形，有人在敲门。是阿斯娅。她先说的话便是他们不让她进来。开始我以为她讲的是我们旅馆：一位新来的旅馆服务员[①]初来乍到，想按照书本来办具体的事情。她指的却原来是伊凡·彼得罗维奇[②]。今晚什么事都齐了，或者说这个把钟头什么事都齐了，我在同时间奋斗。在第一场交锋中我胜利了。我在脑中想象出整个计划，勾画好后告诉她。她在我对她说话时把额头压在我的额头上。随后我把撰写好的东西读给她听，很顺利，她喜欢我写的东西，甚至觉得写得很清楚很具体。我谈到对"歌德"之事的特殊兴趣：像歌德这样的人，一生都在妥协，却能取得如此成就。我接着说，对任何一个无产阶级作家来说，这一点都是无法做到的。我是坚持认为，资产阶级所谓阶级斗争不同于无产阶级的阶级斗争，人们不可以自动地将两场运动中的"不忠诚"或"妥协"的观念等同起来。我提起卢卡奇的历史唯物主义说到底只适用于工人运动史的理论[③]。可是，阿斯娅很快就感到累了。于是我退而去读《莫斯科日记》给她听，看到哪段读哪段。接下来的情形不妙。我偶尔读到我就共产主义教育发的议论。"这纯系胡说。"阿斯娅道。她有点恼了，说我一点也不了解俄罗斯。我显然不能就此争辩。随后她自己说开了：她说的话很重

[①] 原文为俄文。
[②] 阿斯娅的医生？
[③] 见乔治·卢卡奇（Georg Lukács）《历史与阶级意识》，最初发表于1923年的德国；美国麻省理工学院1971年出版罗德尼·里文斯通（Rodney Livingstone）的英译本。本雅明对此书有评论。

要，可说着说着就情绪激动了。她讲到一开始她也是如何一点也不了解俄罗斯；说她刚来几周就想回欧洲，因为俄罗斯的一切似乎都完结了，反对派绝对正确。后来她渐渐意识到这里发生了什么事：革命运动正向技术运动转化。现在每个共产党人都明白此时革命工作并不意味着斗争或内战，而意味着电气化、运河建设、工厂建设。我把舍尔巴特抬出来应对：此前赖希和阿斯娅总拿他来说事。没有其他作家比他更明确地强调技术进步的革命特性。（我后悔没在接受采访时用这一卓越的公式。）我用这些话拖延了她离去的时间达几分钟。随后她走了。她时或因感到跟我近了，往往不让我送她，这次也是。我仍待在房里。自电灯短路后我点的两支蜡烛一直就这么燃烧着。赖希来时，我已经上床。

1月14日

这一日和第二天都不让人满意。"离开"的时间已定。天越来越冷（平均气温在零下二十度），越来越难完成剩下的任务。赖希最近的病症越发明显（我也不知道他得的什么病），所以他能为我做的事也越来越少。今天，他裹得严严实实开车去看达佳。我花了整个上午巡视三个火车站：库尔斯克火车站[①]，十月火车站（去列宁格勒就从这里发车）和雅罗斯拉夫斯基（去西伯利亚的车从这里出发）。火车站的餐厅里满是棕榈树，餐厅外是涂成蓝色的候车室。人感觉像是在动物园里，在羚羊阁中。我在那儿喝了点茶，想着我的返程。眼前放着一只精致的红盒子，里面是上等克里米亚烟草，是在车站一家商亭买的。后来我还买了些玩具。在阿克霍特尼广场上有一个商贩卖木制玩具。似乎有些商品是成批地在固定的地点卖的。比如，我第一次看到上面烫有花纹的儿童玩具斧子；第二天会看到一篮子这样的斧子。我买了一个很笨拙的木制缝韧机模型，它的针是一个转动的把儿来起动的；还买了一只纸制的音乐盒，上面有跳舞的玩偶，是我在博物馆所见玩具的不太高明的仿制品。冷得受不了，我跟跟跄跄地进了一家咖啡屋。似乎是有着独特风味的咖啡屋：小屋里有藤条家具，吃的从墙上一个小滑动门由厨房送进，

---

① 本雅明也许指的是喀山火车站。

柜台上有各种开胃小菜、冷盘、咸菜、鱼。甚至有法式和意大利式餐厅那种陈列柜。我不知道想吃的菜和其他食品的名字，只好要杯咖啡暖暖身子。离开时，望了一眼商业街，寻找刚来时看到的那家有卖泥捏小人儿的商店。那些小人儿还在。当我走过连接革命广场和红场的马路时，我仔细地看了看街上的货摊，努力观察以前没注意的东西：女人的内衣、领带、围内、衣架。——精疲力尽，两点左右终于到了赫尔岑之家，尽管他们两点半才开始卖饭。饭后我回去放玩具。四点半左右抵达精神病院。正上楼梯，遇见阿斯娅，她正要出门，去裁缝那儿。在去那儿的路上我对她说了从赖希那儿听到的关于达佳的健康状况（赖希是在我到后不久回去的）。消息令人鼓舞。我们肩靠肩地走着；突然，阿斯娅问我能否借她些钱。昨天我还跟赖希说有无可能借我一百五十卢布作路费回国，因此我对她说我没钱。不知她借钱干吗用。她说跟我要钱总是没有，接着又责备我别的，跟我说起我该在里加为她找房子等等。那天我很疲惫，对她那么不委婉行事感到极度厌烦。原来她要钱是想租公寓。我想换个话题，但她死死纠缠不放，以前从未这样过，一直在说这个。我很生气，终于说出她曾说话不算数。她曾写信向我保证会立刻还给我在柏林时的开销的。迄今为止，赖希和她只字未提此事。这话正击中要害；我越发不客气了，继续进攻。说着说着，她终于离我而去。我没有跟着她，而是向右转回旅馆。——当天晚上我与格涅丁有约。他会来接我去他那儿。他说话是算数的，但结果却待在我的房间。为此他向我道歉，说他妻子正准备考试，没时间接待我。我们谈至十一点左右，谈了约三个小时。我说很沮丧，原以为能学到很多关于俄罗斯的东西，结果却不像预料的那样。我们俩都认为了解真实情况只有跟许多人交谈才行。在我走之前，他建议我做这做那。比如，他答应我第二天中午与我会面——那是星期天——在"普罗文化"剧场。可等我到了那儿，却找不到他，于是只好回家。他还答应邀请我去看一家俱乐部的演出，可是演出的日子却还没有定。计划中的节目还包括另几样如命名仪式、婚礼等等。这里附带一说，赖希最近跟我讲了共产党等级社会里孩子是如何起名的。从孩子能指列宁画像起，他们的名字就叫"十月"。当晚我听到另一个奇怪的说法，叫"曾经"，用以指那些被革命剥夺了一切的公民，不能适应新形势的公民。格涅丁进一步讲了正在继续的组织变化，说是这种变化会延续数年。每个星期都有组织上的新变动；为了找到最佳方法，人们付出巨大的努力。我还谈到了日渐萎缩的私人生活。根本就没有时间过私人生活。格涅丁对我说他一周里见到的人就是一起工作的那些人，还有妻子和孩子。其他交往仅限于星期天，但这些交往也不稳定，因为假如你哪怕只三个星期不跟朋友联系，你就会确信自己与朋友暌隔数年了。因为，与此同时，他们用新朋友取代了老朋友。稍后我陪格涅丁去车站，在路上我们谈了报关程序。

1月15日

白去了一趟玩具博物馆。尽管导游书上说星期天是开门的,可它还是关门了。《文学世界》今天上午终于到了——是经黑塞尔之手到我这儿的。我等得都有点不耐烦了,一天又一天的,都想给柏林发电报让他们寄出来。阿斯娅不懂《挂历》①,赖希似乎也不太喜欢它。我又逛了一个上午,再次去看视觉艺术展是否开门,最后在半冻僵的状况下去了史楚金画廊②。这个画廊的创办人跟他的兄弟一样,是纺织巨头,是千万富翁。两个人都热爱艺术,是艺术的赞助人。一个建了历史博物馆(部分馆藏也是他捐的),另一个建了这座非同寻常的现代法国艺术画廊。爬上冰冷的楼梯,能看到梯井顶上著名的马蒂斯壁画,裸体人物极有韵致地安置于暖红色的背景中,跟俄罗斯偶像作品一样光彩夺目。这位收藏家主要热衷于收藏马蒂斯、高更和毕加索的作品。一间展室的墙上挤满了二十九幅高更的作品。(我再次认识到高更的作品似乎对我充满敌意,它们冲我发泄着一切仇恨。这种感觉非犹太人会对犹太人产生。)世界上恐怕再没

---

① 本雅明的《挂历》发表于 1926 年 12 月 12 日《文学世界》。他的诗作由鲁道夫·格罗斯曼(Rudolph Grossmann)插图。同一期还刊出本雅明评论列宁的《致马克西姆·高尔基书信 1908-1913》的文章。

② 谢尔盖·伊万诺维奇·史楚金(Sergei Ivanovich Shchukin, 1854-1936 年)在 1908-1914 年间收集了五十四幅毕加索绘画作品。

有别的地方比这里更能看到毕加索的艺术发展道路了，从他二十来岁的早期作品到1914年的作品应有尽有。一定有一段时期毕加索一年到头只为史楚金作画，比如说"黄色时期"①。他的画充满了三间相连接的展室。第一个展室是他的早期作品，其中有两幅给我印象较深：一个打扮得像鹦鹉的男人右手举着一个公火鸡样的东西，另一幅是一个"喝苦艾酒"的女人。第二展室是1911年前后的立体主义时期，蒙巴纳斯常出现在画的背景中；最后一个展室是"黄色时期"的作品，其中包括《友情》及相关的各种研究。离这不远的一个展室展的是德兰②的作品。紧挨着几幅他的标准风格的美丽绘画作品旁，我看见一幅极不协调的作品：《星期六》。这幅画面巨大的阴郁油画描绘的是一群妇女穿着佛兰德斯服装聚集在一张桌前干家务。人物和表情都酷似格姆林③。除了为卢梭④专设的一个小展室外，其他展室都极亮堂。窗户都是一整块玻璃的，可以看到街景和这幢房子的后院。在这儿，我第一次看到凡·东根⑤或勒·弗柯尼埃之类画家的作品。玛丽·劳仑琴⑥的一幅小油画的生理构架——一个女人的头，其手延伸入画中，手上举着一枝花——让我想起蒙

---

① 本雅明所用"黄色时期"不是标准的说法。他所指显然是1911-1914年（大体上）毕加索"综合立体主义"时期的油画。

② 德兰（André Derain，1880-1954年），法国野兽派画家，有立体主义倾向，作品有《泰晤士河上的驳船》等。——译注

③ 格姆林（Hans Memling，约1430-1494年），文艺复兴时期佛兰德斯画派画家，善画妇女形象，作品有《最后的审判》等。——译注

④ 卢梭（Henri Rousseau，1844-1910年），法国后期印象派画家，也是原始派代表人物。作品有《街》等。——译注

⑤ 凡·东根（Van Dongen，1877-1968年），法国野兽派画家，原籍荷兰，善画女性，作品有《东洋初旅》等。——译注

⑥ 劳仑琴（Marie Laurencin，1885-1956年），法国野兽派画家，作品有《女人和狗》等。——译注

乔生①，使我更明白他从前为什么喜欢劳仑琴了。——中午我从涅曼那儿得知我的访谈已经发表②。我拿着《莫斯科晚报》和《文学世界》去见阿斯娅。下午的情形也不好，赖希很晚才来。阿斯娅为我翻译了访谈。同时我认识到——不是赖希说的这篇文章也许有"危险"。而是——这篇访谈的结论太弱。文中提到舍尔巴特，但太暧昧，太不精确。不幸的是，结论的虚弱立即显现出来了。开头论意大利艺术的那段还行。不过，总的来讲，发表了就是好事。阿斯娅也很为开头所吸引，理由十足地为结尾而恼火。访谈在显著的位置发表了，这才是主要的。因为昨天的争吵，我在去的路上给阿斯娅买了些蛋糕，她收下了。事后她告诉我昨天分手之后她再也不想听到我的名字，坚信我们再也不会相互见面（至少是很长一段时间内）。然而，到了晚上，她自己也惊奇地发现情绪变了，怎么也生不起我的气了。每当我们之间出现问题，她总是自问是否真的是挑事者。不幸的是，尽管有这些话，我们后来还是吵架了，不再记得因为什么。

---

① 蒙乔生（Thankmar von Münchhausen，1892-1972年）通过艺术史家威廉·尤德（Wilhelm Uhde）"发现"劳仑琴。蒙乔生与本雅明的通信仍未发表。

② 本书编者遍访欧美图书馆，未能找到发表本雅明访谈的那期《莫斯科晚报》。列宁图书馆几次拒绝本访谈的复本。

1月15日（续）[①]

总之，把报纸和杂志给阿斯娅看后，话题当然又转向在此逗留的不尽如人意之处。当阿斯娅重提柏林期间她不满意我的地方时，我再不能自控，沮丧地冲出房间。然而，在过道里我就恢复了理智，感到不忍离开，于是返回，说："我再静静地坐一会儿。"随后，我们甚至能逐渐地恢复谈话，等赖希到时，我俩都已被沉静弄得精疲力尽。我决定今后无论怎样再不卷入类似争吵。赖希说他感觉不好。事实上，他下巴抽筋还没好转，甚至还更糟了。他已不能咀嚼东西。他的牙龈发炎了，脓肿越来越厉害。尽管如此，他说晚上还必须去德国俱乐部，因为他被任命为VAPP德国分部和伏尔加流域德国人莫斯科文化代表团之间的协调人。在旅馆大厅里就我们俩时，他告诉我自己还在发烧。我摸了摸他的额头，明确对他说无论如何不能去德国俱乐部了。他于是让我代他表示道歉。那幢房子并不远，不过冷风刺骨，几乎无法行走。结果，我还是没能找到地方。精疲力尽地返回，待在家里。

[①] 手稿上此处留有大约两页空白。

1月16日

我已定好 21 日星期五离境。眼看逗留的日子就要结束，每天的时间还真有些紧张。有许多事要赶着去落实。星期天我安排了两件事。一点左右在"普罗文化"剧场①见格涅丁，在此之前还要参观美术与偶像博物馆（奥斯特拉柯夫）②。后一计划实现了，前一个没有。天还是很冷，一厚层冰结在公车窗户上，什么也看不见。我坐过了站，早就该下车了。又坐回来了。幸运的是碰上一个会说德语的博物馆门卫，他带我参观一遍馆藏。我最后在一层楼只看了几分钟，那儿挂的是上世纪末俄罗斯绘画作品和本世纪初的作品。我上楼去看偶像藏品，藏品放在这座低矮房屋的二层楼，光线很好。藏品的主人仍健在。"革命"丝毫未损坏他的博物馆，当然，它被没收了，〔不过〕他仍担任着馆长。这位奥斯特拉柯夫是位画家，四十年前开始购进他的藏品。他曾是位千万富翁，曾周游世界，最后决定开始收集旧俄木雕，就在战争爆发前后。他的藏品中最老的一件东西要算画在木板上的一幅圣徒蜡像，那是拜占庭时期的作品，可以追溯至 6 世纪。这里大部分绘画作品都可以追溯至 11 至 16 世纪。

---

① "无产阶级文化"的缩写。该组织致力于促进无产阶级的"潜在创造力"。创立于 1917 年，1921 年合并入"人民教育委员会"后失去政治上的独立。1932 年解散。

② 伊利亚·谢苗诺维奇·奥斯特拉柯夫（Ilya Semyonovich Ostrukhov，1858-1929 年），俄罗斯画家，1905-1913 年间任特列恰可夫画廊主任。

在向导的指点下，我弄清了斯特拉加诺夫派和诺沃戈罗德派之间的主要区别。他还向我解释了一些关于偶像的问题。我第一次注意到十字架脚下之死的寓言，这些寓言故事常出现在这些偶像上。在黑色的背景（像是映在漆黑的池子里）里的，是一个死亡的头。几天后我在历史博物馆的偶像陈列室看到另几件作品；从偶像的角度谈这些作品都是很突出的。比如，祭祀用具静物画。祭坛上圣灵的周围陈放着这些用具，圣灵化身为鸽子落在一块鲜艳的粉色布上。基督身边站着两个可怕古怪的人物：显然是进了天堂的盗贼。另一个画面也是经常出现的——三个天使在吃饭，而面前是躲不掉的屠宰羔羊的场面。画面缩小了，但同时又徽章般地醒目——我仍不明白是何用意。这些宗教传奇绘画的题材故事我完全不懂。我从阴冷的楼上终于回到楼下，发现壁炉的火点着了，一小群工作人员围坐在炉前打发星期天的早晨。我真想再待一会儿，可是不得不迎着寒冷而去。从电报局——我是从那儿出来的——到"普罗文化"剧场这一段路真是够呛。我在大厅里等了一个小时，白等了。几天后我得知格涅丁在同一大厅里等我，真无法解释怎么可能会这样。可能是当时我很累，又记不住谁谁谁的长相，他穿着外套戴着帽子我没认出来，可他不可能也像我一样处于这种情形啊。我于是往家走。本想在星期天常去的酒吧吃点什么的，可是坐过了站，觉得没劲了，午饭也不想吃了，干脆步行回家。在凯旋广场我鼓起了勇气，打开一家不太熟悉的咖啡馆的门。看上去挺好客的，所点的食物也不坏，尽管罗宋汤明显不如平时星期天吃的那家馆子好。在去看阿斯娅前，可以好好休息一下了。我刚进屋她就告诉我赖希病了，我一点也不吃惊。昨晚他没待在我房里，而是住在精神病院阿斯娅同伴的房里。现在他病在床上，阿斯娅旋即与玛尼娅一起去看他。我在精神病院的门口同她们分手。阿斯娅问我晚上有什么安排。"什么也没安排，"我道，"在家待着。"她没说什么。我前往巴舍切斯家，他不在，留了个条让我等他。正合适。我坐进圈椅，背冲就近的火炉，给自己弄了点茶，翻阅德文杂志。一个小时后他来了。他让我晚上留下。我紧张地琢磨着是否该留下。一方面，因为另一个客人要来，我很好奇这晚会是什么样的情形。另一方面，巴舍切斯正向我提供关于俄罗斯电影的有用信息。最后一点也不是最不重要的，我有望吃到一顿晚饭。（这一期望后来成为泡影。）不太可能打电话通知阿斯娅说我在巴舍切斯家，精神病院的人不接电话的，结果还真如此。最后找了个人去送信：我担心他去得太晚。还不知她是否想来看我呢。第二天她告诉我的确想来看我的。无论如何，她及时得到了通知。我的便条是这样写的："亲爱的阿斯娅，我今晚在巴舍切斯家。我明天四点去你那儿。瓦尔特。"我把"晚"和"在"连写成一个单词〔abends bei〕了，然后在两个单词之间划一竖线把它们分开。结果阿斯娅一开始以为我写的是"我今晚有空"〔abends frei〕。——稍后，一个叫克隆涅克博士的人来到巴舍切斯家。此人系一家大型俄奥合资公司的奥地利方代表。巴舍切斯告诉我他曾是社会民主党人。不过，他给我的印象是：很聪明，去过很多地方，讲话能讲到点子上。在交谈中，我们谈到毒气战的话题。我的一些评论给他俩留下了印象。

1月17日

昨天造访巴舍切斯最重要的成果是我说动他帮我办离境手续。他让我星期一（16日）早点儿来。我到时他还在床上。叫醒他真是难事。差一刻一点，我们终于到了凯旋广场。我十一点就到了他住的地方。此前我在平时去的点心店喝了点咖啡，吃了些蛋糕。真是吃对了，因为有许多事要办，顾不上吃午饭。我们先是去了彼得罗夫卡大街的一家银行，因为巴舍切斯要提一些钱。我自己也换了些钱，只留存五十马克。然后巴舍切斯带我去一间小办公室，介绍我认识一位银行经理，一个叫希克[①]博士的，他是对外部经理。此人在德国住过很长时间，曾在那儿学习，无疑出身有钱人家。除了专业训练外，他对艺术总保留一种兴趣。他读过《莫斯科晚报》上我的访谈。在德国当学生时，他便有机会结识舍尔巴特。我们马上建立了联系。简短的交谈结束后，他请我20日吃晚饭。然后上彼得罗夫卡大街去取我的护照。接着坐雪橇去"人教委"[②]，在那儿拿到了出境证明。就在今天我办成了一件重要的事：我说服巴舍切斯坐雪橇陪我去国营商店"GUM"，在楼上找到我一直盯着的娃娃和骑马的

[①] 马克西米利安·希克（Maximilien Schick, 1884-1968年），诗人兼翻译家，曾将勃留索夫、高尔基等人的作品译成德文。1892-1907年居住在德国，曾给俄罗斯象征主义杂志《维西》写稿。

[②] "人民教育委员会"的简称。

小人。我们一起把剩下的都买了。我挑出十样最好的留给自己。每样东西只花十个戈比。我的眼力没错：店里的人告诉我们这些东西都是在维亚特卡①造的，不再往莫斯科送了：这里不再有卖这些东西的市场了。也就是说，我们买的是最后一批货了。巴舍切斯还买了些农民们织的布。他拿着东西到萨沃伊旅馆吃午饭，我于是有时间回房间放东西。四点了，该去看阿斯娅了。只在她房里待了一小会儿，我们便一起去看赖希。玛尼娅②已经在他那儿了。至少这样我们又能单独待几分钟了。我叫阿斯娅晚上到我这儿来——十点半前我没事——她答应假如可能一定来。赖希好多了。我不再记得看他的时候谈了些什么。我们是七点左右离开的。晚饭后，我白等了阿斯娅，差一刻十一点我去巴舍切斯家。他家没有人，邻居说他一天都没回来。那些杂志要不是看过的就是我厌烦的。等了半个小时，我正要下楼，碰见他的朋友。不知是怎么回事：也许因为她不愿单独同他去俱乐部。她坚持让我再等一会儿。我照她的话做了。巴舍切斯终于露面了。原来他不得不出席李可夫③在"阿维亚契姆"④大会做的报告。我请他帮我填了出境签证申请表，然后一起出门。在去俱乐部的公共汽车上，他介绍我认识一位同行的剧作家，写喜剧的。我们在过于拥挤的房间里找到一张桌子，三人刚要坐下灯就灭了，表明音乐会就要开始了。我们不得不起身。我同巴舍切斯来到大厅。几分钟后，总领事出现了，身穿晚宴礼服，刚从莫斯科大

---

① 现在的基洛甫。
② 阿斯娅的同屋。
③ 阿列克塞·李可夫（Alexei Rykov，1881-1938年），1924-1930年继列宁之后担任苏联人民委员会主席。
④ "苏联航天与化学工业发明创造促进会"的俄文缩写。

饭店一家英国大公司举办的宴会上出来。他在宴会上同两个女人约好了到这里约会。既然她们还没到,他仍同我们待在一起。一个女人——显然从前是公主——正以美丽的嗓音唱着民间歌曲。我在黑暗的餐厅里站了一会儿,身旁是灯火通明的音乐厅的入口;后来又在大厅里坐了一会儿。同总领事交谈了一会儿,他的举止再优雅不过了;然而,他的脸却很粗俗,一副肤浅的样子。自我出国旅行[①]以来,头脑中固定的德国外交官形象一直就是这个样子,丝毫不差的,就像弗兰克和佐恩是孪生兄弟一样。一起吃晚饭的只有四个人。因为有使馆的一秘在,我于是可以随意地观察他。饭不错,又有辛辣的伏特加,还有开胃酒,两道主菜和冰淇淋。没见过这么拥挤的俱乐部。几名不伦不类的艺术家在场,还有不少"新经济政策"时期的资产阶级成员。这一新兴的资产阶级很受轻视,连外交官都蔑视他们——至少从总领事对他们的评价中可以听出,并且这些评价在我看来是发自肺腑的。这一阶层人的精神贫困可以从随后的舞姿里看出,小镇喧闹舞会般登不了大雅之堂。那舞跳得真是糟糕透了。不幸的是,巴舍切斯的朋友极有跳舞的冲动,玩到四点钟才散。伏特加令我支持不住了,咖啡也提不了神。胃里翻江倒海,结果全吐了。很高兴终于找到一架雪橇回旅馆。上床时已然四点半钟。

---

① 本雅明 1925 年曾乘船从汉堡到意大利,途经巴塞罗那。

1月18日

早上去玛尼娅的房间看赖希，有几样东西必须带给他，同时也为了平息他生病前那几日的摩擦。我倾听他那本关于政治和戏剧的书的写作提纲，赢得了他的心。他打算让俄国一家出版公司[①]出他的这本书。我们还讨论了写作剧场建筑艺术专著的计划，他满可以同波耶尔奇[②]合作此书的。就舞台布景和服装设计等方面坚实的戏剧研究而言，这本书会相当有意思。我走之前从街上给他买了些香烟，答应在赫尔岑之家替他当一回差。然后，我去了历史博物馆。这里的偶像收藏很丰富，我看了足有一个小时。我还发现了17和18世纪相当数量的作品。在这些后期作品里，童年基督用了多长时间才在母亲的臂膀里获得移动的自由啊！同样，圣子的手用了几世纪才找到圣母的手：拜占庭时期的画有只表现出面对面的两只手。我快速地扫了一眼考古展览，只在芒特·阿托斯的几幅画前逗留片刻。离开博物馆时，我更能理解布拉戈夫先斯基大教堂所产生的强有力的神秘效果了。我对莫斯科最值得一提的印象首推这座教堂。其神秘效果衍自如下事实：从"革命广场"的方向看红场，红场略显坡度，如此大教堂的圆顶一点一点显现，像是在山后面。今天阳光不

[①] 赖希从未出版此书。
[②] 汉斯·波耶尔奇（Hans Poeizig, 1869-1936年），有影响的建筑师，夏洛滕堡高等工学院教授。除了其他剧场工程外，1919年波氏监督实施了柏林舒曼马戏场的改造工程。

错,再次看到大教堂真高兴。我在赫尔岑之家拿不到赖希的钱。四点一刻到阿斯娅那儿,屋里已黑了。我轻声地敲了两次门,没人应声,于是去娱乐室等候。我看了看法文版的《新文学》,一刻钟后又去敲门,仍没人应声。我打开门,发现室内空无一人。阿斯娅这么早就走了,也不等我,我好生气。为了安排晚上同她做些什么,我又去了赖希那儿。赖希使我不可能同她去马利剧场,他当天早上就反对这一计划。(事后,我拿到两张票,却没有用。)上楼之后,我连外衣也懒得脱,一句话也不说。玛尼娅仍用大得可怕的声音解释着什么,她把一张统计图给赖希看。阿斯娅突然转身茫然地对我说昨晚没来看我是因为她头痛得很。我穿着大衣躺到沙发上,抽着我在莫斯科专用的小烟斗。我终于得以向阿斯娅转达己意:让她吃过饭后来我住处,我们一起去某个地方,或者由我读女同性恋的场景①给她听。我接着又待了一会儿,这样不至于让他们以为我是专门来对她说这个的。不一会儿起身告辞。"去哪儿?""回去。""我以为你会和我们一起回精神病院。""你不是要待到七点才走吗?"我的问话有点虚情假意,因为早上就听见赖希的秘书要来。我留下没走,但也没跟阿斯娅回精神病院。我想现在给她点时间休息,晚上她就更有可能来我这儿。同时,我为她买了鱼子酱、橙子、糖果和蛋糕。在我放玩具的窗台上我也支起两个泥娃娃,其中一个是她为自己挑的。她的确来了——一开始就表示"我只能待五分钟,马上就得回去"。不过这次她是说着玩儿的。我感到在过去的几天里——在激烈的争吵之后——她反倒对我越来越有好感了。我只是不知道到了什么程度。她到的时候正赶上我情绪十分好,因为我刚

---

① 《追忆逝水年华·在斯旺家那一边》中写德温吐耶小姐和她的女情人在一处的场景。

收到许多邮件,有来自维耶冈、缪勒—勒宁和艾尔斯·海因勒[①]的好消息。这些信还在床上,我正读着呢。朵拉[②]写信说钱已寄出,于是我决定延长逗留时间。我对阿斯娅说了这些,她用两只胳膊拥抱我。几周来形势一直不妙,我远不敢指望有如此表示,愣了好一会儿才高兴起来。我就像是个细颈花瓶,水从瓶颈上的桶倒了进来。我渐渐地习惯于故意自闭,几乎不再能接受外界的全力灌溉。这晚却开窍了。先是让阿斯娅吻我,尽管像往常一样她有所抵抗。突然,像是接通了电;就在我要念信给她听跟她聊天时,她坚持再吻一次。那几被忘却的柔情又浮现了。与此同时,我把买的食品给她拿上来,还有娃娃。她挑了其中一个,现在就坐在精神病院她床位的对面。我再次把话题转向莫斯科之行。我们昨天在去赖希那儿的路上她实际上已说出关键性的话,我只需要重复:"莫斯科在我生活中的位置是这样的:我只能通过你来体验这座城市——这是实情,不考虑任何爱情因素、浪漫情调等。"她再一次一开头就对我说,六个星期不足以表明对一个城市有家的感觉了,尤其是语言不通,结果处处碰到障碍。阿斯娅让我把信从床上拿开,她要躺下。我们长久地亲吻了一会儿。不过最能让我内心深处激动的是她那手的抚摸。事实上她曾经告诉过我,每个这样亲近过她的人都感到过她的手释放出来

---

① 维耶冈(Willy Wiegand, 1884-1961年),布莱莫出版社创办人之一。该社曾出版《新德意志文选》,内收本雅明论歌德的一篇文章,书出版于1924-1925年间。缪勒—勒宁(Arthur Müller-Lehning,生于1899年),曾出版《国际评论》(阿姆斯特丹)第10期,本雅明《单行道》的初稿即登于此,此外尚有论文"俄国新诗歌"。艾尔斯·海因勒,沃尔夫·海因勒(Wolf Heinle, 1899-1923年)之妻。本雅明是海氏诗歌的热烈崇拜者,也喜欢他弟弟的诗,曾拟出版他自编的海氏兄弟诗集。

② 朵拉·索菲·本雅明(Dora Sophie Benjamin, 1890-1964年),本雅明的妻子(1917-1930年)。

的魔力。我把我的右掌贴在她左掌上，如此良久。阿斯娅记起在那不勒斯的一个夜晚，途经第普里提斯，我们在一条空无人烟的街上的一家小咖啡馆一张桌前坐着，我把一封美丽的小信封给她看。我一定要在柏林把这封信找出来。随后，我把普鲁斯特写同性恋的场景读给她听。阿斯娅抓到了这种文字浓烈的虚无主义：普鲁斯特是如何以某种方式闯入整洁的私人空间的，在小资产阶级的这种私人空间里，墙上写着"性虐待狂"字样。普鲁斯特无情地把一切打成碎片，没有什么能不失去光泽，邪恶的观念昭然若揭，在每一块破碎的东西里面，恶都在展示其实质——"人道"甚或"仁慈"。在我向阿斯娅做解释时，我越发明白这多像上次给她看巴洛克书时她所做的反应。昨天我夜里独自在房里读普鲁斯特，读到一段异常的文字，是关于吉奥托的《关于仁爱》的[①]。显然普鲁斯特这里孕育着一种观念，这种观念在哪一点上都应了我自己企图纳入寓言概念的东西。

---

① 见《在斯旺家那一边》，巴黎伽利玛1954年版，第一卷，第80-82页。

1月19日

今天几乎没什么可报告的。既然离境日期推迟了，我就可以休息一下了。连日来办事、参观累得够呛。赖希又来我这儿睡了。阿斯娅早上来，没待多久就要走，她要去和人谈关于工作的安排。在我屋里暂停时，我们又谈关于毒气战的事。她开始激烈地反对我的意见，不过赖希进行了干预。最后她说我该把我的观点写进文章里，我保证要为《世界论坛》①就此专题写一篇文章。阿斯娅走后不久，我也出门了。我去会格涅丁，简短地交谈了一阵，谈到星期天没弄清的一些事。他请我下星期天晚上去瓦赫坦戈夫②那儿，又跟我讲了一些出关运行李时的注意事项。在去格涅丁那儿来回的路上，经过"契卡"③大楼。一位士兵带着刺刀步枪在那儿巡逻。随后我去了发电报要钱的那家邮局。我在星期天常去的那家酒吧吃的午饭，然后回家休息。在精神病院的大厅里，在这一头我碰见了阿斯娅，然后在另一头又马上碰上赖希。阿斯娅要洗澡，赖希和我在她房里玩

---

① 这篇文章一直未写，不过 1925 年本雅明写过"明天的武器"一文。柯特·图卓尔斯基（Kurt Tucholsky）和卡尔·冯·奥西耶茨基（Carl von Ossietzky）1926 年接手编《世界论坛》（Weltbühne），后将该刊弄成左派刊物。1933 年纳粹查禁了该刊，奥氏死于集中营，1934 年图氏在瑞典自杀。

② 叶甫盖尼·瓦赫坦戈夫（Evgeny Vakhtangov, 1883-1922 年）。以他名字命名的剧场建于 1921 年。瓦氏也曾主管过一家希伯来剧场。

③ 苏联秘密警察机构。

多米诺骨牌。阿斯娅回来后告诉我们早上听到的工作机会：有可能是在特维尔斯卡娅大街一家剧场当助理经理，每周为无产阶级儿童组织两场节目。赖希晚上去见伊列斯，我没跟着去。他十一点才在我房间露面，这时已无法如约去看电影。我同他简短地毫无结果地谈了谈前莎士比亚时期戏剧中的死尸问题。

1月20日

上午大抵在房里写作。〔既然赖希〕一点钟要在《百科全书》处理几件事，我也想利用这个机会去一下，不是因为要替自己写的歌德词条游说（就此我已放弃所有希望），如赖希建议的那样；而是为了在他面前表现出不那么懒。否则他不会把歌德词条的退稿归因于我的缺乏热情。当我终于面对面同那位质疑我词条的教授坐在一起时，我忍不住要笑。得知我的名字后他立刻跳了起来，马上去找我写的词条，并找一位秘书帮他查阅。他开始约我写巴洛克方面的词条。我表示要进一步合作，就得接受我的歌德词条。随后我历数已发表的作品，强调自己一如赖希推荐的那样有资格写这些东西，正在这时，赖希进来了。他远远地找了个座位坐下，同另一位管事的人说开了话。他们表示几天内将决定告诉我。我随后在前厅等赖希等了好长时间，终于等到了，于是一起离去。他对我说他们原打算另请瓦尔泽尔写"歌德"词条的。我们去见潘斯基。真是难以置信——但完全有可能——他只有27岁，赖希事后告诉我的。革命时期活跃的那一代人渐渐老了。似乎国家形势的稳定给他们的生活带来安宁或平静，这种安宁和平静通常只有老年才有的。不管怎么说，以莫斯科人的眼光，潘斯基毫无魅力可言。他说下周一有几部电影要放，并且正是我想看的，看后好写那篇《文学世界》约的反施密特观点的文章。我满心期待着看这些电影。我们一起去吃的饭。饭后我回旅馆，因为赖希要单独同阿斯娅说会儿话。稍后我去看她一个小时，接着去巴舍切斯家。在银行经理麦克西米连·希克家度过晚上，主要的失望是没有晚餐。我中午几乎没吃什么，很饿。所以茶点上来时，我猛吃蛋糕，一点也不脸红。希克出身于非常有钱的人家，曾就读于慕尼黑、柏林和巴黎，曾在俄罗斯卫军中服役。目前他与妻子和孩子住在一间一分为三的房间里。他也许是此地所谓"曾经是什么"的典型例子。从社会学角度上讲他是如此（由于职位的重要，多少有点例外），他那富有成果的"曾经"时期也证明如此。他过去常在《未来》①上发表诗作，也在现已被人们忘却的杂志上发表文章。不过，他仍保留着早年的热情；他的书房里藏书适中，但有很精选的法国、德国19世纪著作。他提起一些更有价值的书的价格及他花多少钱买的，有些书被书商们视为垃圾。茶毕，我试图从他嘴里套出当代俄罗斯文学的一些信息，但白费劲了。除了勃留索夫，他几乎不喜欢别的什么作家。有一位显然不是干活的小巧玲珑的女人同我们坐在一起，然而对书不感兴趣；所幸的是巴舍切斯多少陪陪她说说话。为了报答他有望在德国让我帮的几个忙，他给我一大堆乏味而无价值的儿童书，我又不好拒绝。只有一本是我高兴接受的，倒不是它有任何价值，而是装帧很美。离开希克家，巴舍切斯引诱我步行到特维尔斯卡娅大街，答应带我去一家妓女经常光顾的咖啡馆。在咖啡馆里没看见什么引人注目的，不过至少弄了些冷盘鱼和螃蟹吃。我俩坐着一架豪华的大雪橇来到萨多瓦娅和特维尔斯卡娅交界处。

---

① 德文名为 *Die Zukunft*，柏林一家政治期刊，由麦克西米连·哈登（Maximilien Harden）创办于1892年，为其撰稿的人包括冯丹（Fontane）、霍尔兹（Holz）、尼采、曼、里尔克和霍夫曼斯塔尔（Hofmansthal）。

1月21日

今天是列宁的祭日,所有的娱乐场所都关闭了。由于有了"经济管理制度",商店和机关要到明天才关门,明天是星期六,本来就是半天工作。我很早就出门去银行见希克,知道他已安排我星期六去见穆斯金①,参观他的儿童书籍收藏。换完钱后去玩具博物馆。这次终于有收获。他们答应星期二告诉我是否可以弄些照片给我。不过,拿给我看的照片都有毛病。既然价钱便宜,我就订了二十来张。这次我也特别注意了一下来自维亚特卡的泥塑。——昨天晚上,我正要离去,阿斯娅邀我去儿童剧场碰头,他们在特维尔斯卡娅大街上的"阿斯"电影院上演节目。可当我到那儿时,剧场已空无一人,我意识到今天不像是有节目。一个门卫告诉我剧场关门了,把我从大厅赶了出来,我本想在那儿暖和一会儿。我在门外等了一会儿,玛尼娅拿着一张纸条来了,阿斯娅在条上说她弄错了,演出是星期六,而不是星期五。在玛尼娅的协助下,我去买了些蜡烛。我的眼睛完全被烛光点亮了。希望有点时间工作,我就没去赫尔岑之家(也许今天无论如何是关门的)。我在附近的餐厅吃的午饭。饭很贵但味道不错。回房间后我并没像原打算的那样从事"普鲁斯

---
① 苏联国家出版社儿童图书部主任。

特"工程①，而是去写"答弗朗兹·布雷撰写丑陋而无耻的里尔克讣告"②。事后我把所写的东西读给阿斯娅听，她的评价鼓励了我，我当晚和次日重写了一遍。顺便一提，她感觉身体不太好。——我带赖希去我吃午饭的那家餐厅，这是他第一次在这里吃饭。饭后我们去买东西。晚上他在我这儿待到十一点半。我们详细交谈了童年时期读书的记忆。他坐在圈椅上，我躺在床上。在谈话的过程中，我突然发现不知为什么我从小时候起就在读非同寻常的东西。霍夫曼的《新德意志少年读物》③实际上是我读书时期唯一标准的儿童少年读物，此外当然还有优秀的霍夫曼系列《皮袜子丛书》④、施瓦布的《古典传奇故事》⑤。不过，我当时只读卡尔·梅⑥写的一本书，对《罗马战役》和沃里斯胡弗写的海上冒险故事⑦也不甚熟悉。我只读过格斯塔克⑧写的一本书，那里面一定包含缠绵的爱情故事（或者我

---

① 很有可能指本雅明一直在译的《追忆逝水年华》，而不是长久以来他一直在构思的"论普鲁斯特"一文。1926年9月18日他在一封信中写道："我不知道多久前开始考虑写'论翻译马塞尔·普鲁斯特'一文的。最近在马赛，《南方杂志》（Cahiers du Sud）同意刊用。这篇文章基本上谈普鲁斯特多，谈翻译少。"实际上1929年这篇文章才完成，海德格尔的女弟子汉娜·阿伦特（Hannah Arendt）编辑并写序的《精神启示录》收了此文，题为"普鲁斯特的意象"。

② 本雅明生前这篇"答"文未发表。

③ 弗朗兹·霍夫曼（Franz Hoffmann，1814—1882年）。《新德意志少年读物》是19世纪中期儿童经典读物。

④ 美国作家库柏（James Fenimore Cooper）著《皮袜子故事》（Leather-Stocking Tales）的德译本书名。

⑤ 居斯塔夫·施瓦布（Gustav Schwab）的《古典传奇故事》在德国有如巴尔芬奇（Thomas Bulfinch）的寓言故事在美国那样流行。

⑥ 卡尔·梅（Karl May，1842—1912年），作家，他写的美国西部冒险故事很流行。

⑦ 费利克斯·达恩（Felix Dahn）著《罗马战役》（Kampf um Rom）。索菲·沃里斯胡弗（Sophie Wörishöffer，1838—1890年），作家，善写海上冒险故事。

⑧ 弗里德里希·格斯塔克（Friedrich Gerstäcker，1816—1872年），作家，擅长写富有异国情调的冒险故事。

读它是因为作者的另一本书提到它?),确切地说是《阿肯色人的标准时钟》。我还发现自己对古典戏剧的全部知识可以追溯到小时结伙读书时期[①]。

[①] 据格什温·肖勒姆说,从 1908 到 1914 年,本雅明和他的伙伴们——赫伯特·贝尔莫、阿尔弗瑞·斯坦菲尔、弗朗兹、萨克斯和威利·沃尔弗拉德——每周办一个晚上的读书会,阅读并讨论莎士比亚、赫贝尔(Hebbel)、斯特林堡、易卜生和韦德金(Wedekind)等人的著作。

1月22日

我在桌前写东西,赖希来了,而我尚未梳洗,这个早上我懒得去参加任何活动,不像平时。我不想把注意力从我的工作上分散开。十二点半钟时我正要出门,赖希问我去哪儿,这才发现他也去儿童剧场,就是阿斯娅邀我去的那个剧场。对我的特别照顾原来只是昨天在入口处空等半小时。我去平时常去的咖啡馆那儿先喝点热的,可是却关门了。这也是"修整"政策的组成部分。于是只好慢慢地朝特维尔斯卡娅大街儿童剧场走去。赖希是后到的,接着是阿斯娅和玛尼娅。现在成了四个人,我对此失去了兴趣。反正也不能待到结束,因为三点半还得去见希克。也没争取坐在阿斯娅旁边,而是坐在赖希和玛尼娅之间。阿斯娅让赖希翻译对白给我听。这出戏似乎说的是一座监狱是如何产生的,有浓厚的沙文主义色彩,对英国有偏见。我在半当中离去了。此时阿斯娅让我坐她身边以诱使我看下去,但我不想迟到,更不想精疲力尽地去见希克。希克自己也匆匆忙忙的。在公共汽车上他讲起在巴黎的那些日子,纪德有一次如何拜访他等等。与穆斯金见面真算不虚此行。虽然我只见到一本真正重要的儿童书籍,一本1837年瑞士儿童年历,一小册,有三帧非常美丽的彩色插图;但是,我浏览了许多俄罗斯儿童图书,对这些书的插图有了概念。这些书大都模仿德国儿童图书,许多插图都是德国平版印刷商承印的。被模仿的有许多德国书籍。我看到的俄文版《邋遢的彼得》[1]很粗俗。穆斯金在书中夹上纸条，记下我的评论。他是国家出版社儿童图书部的主任。他还拿出自己作品的样书给我看。这些书中包括正文由他撰写的书籍。我大致向他解释了"幻想"[2]工程的纲要。他似乎不太明白我说的是什么，总体来讲给我印象平平。他的书房也很寒碜，没有足够的空间安置书籍，所以只好顺过道安插在沿墙的书架里。茶几上的吃食很丰富，我都没等布让就吃了许多，因为白天我既没吃午饭也没吃晚饭。我们待了约两个半小时。临走之前，他送了我两本自己出版的书；我悄悄地答应送给达佳。晚上在房里写关于里尔克的文章和日记。不过——正像此时——材料太糟，写不出什么。

---

[1] 19世纪中期儿童文学经典作品，亨利希·霍夫曼（Heinrich Hoffmann, 1809-1894年）著；由马克·吐温译成英文，也有爱德华、李耳等人的英译。

[2] 本雅明显然没有实施这一工程，尽管他的《柏林纪事》（1932年）里儿童幻想主题是重要部分。

1月23日

记日记已有些日子了,所以要总结一下。今天阿斯娅做各种安排出院。她要搬到拉奇林那儿住,终于找到可人的环境了。在随后的几天里,我考虑着在莫斯科生活的可能性:假如有这样一所房子。现在太晚了。拉奇林住在中央档案馆那栋楼里,房间又大又干净。她同一个学生住在一起;据说那学生很穷,出于自尊,不愿和她住在一起。星期三,初次见面两天之后,她给了我一把高加索匕首作礼物,一件很美丽的银器,尽管是儿童玩的,没多大价值。阿斯娅声称为这件礼物得谢她。不管怎样,她住在拉奇林那里,同我见面的时候也不比在精神病院时多。一位无处不在的红军将领结婚才两个月,却以各种想得出来的方式追求着阿斯娅。他让阿斯娅同他私奔到符拉迪沃斯托克,他正要被调往那里。还说要把老婆留在莫斯科。在这几天中的一天,更确切地说是在星期一,阿斯娅收到阿斯塔科夫从东京寄来的信,信是由艾尔维拉从里加转寄的。星期四,我俩都要同赖希分手,她详细地告诉我信里的内容。那晚她又谈起信的事。她显然在阿斯塔科夫心里占了一大席位置。她要一块带樱桃花的围巾,他就花了半年时间在东京的商店橱窗里给她找带樱桃花的围巾,目不旁视。上午口授攻击布雷的信和其他几封信给秘书。下午精神非常好,同阿斯娅交谈,只记得要把她的箱子拿我那儿去,刚出她房门,她就跟出来,把手伸给我。我不知道她想干什么,也许什么也不想干。第二天我才意识到这一切都是赖希安排的，因为他身体不适，想让我替她扛箱子。两天后，阿斯娅搬完家，他就在玛尼娅房里睡觉。不过，他正从流感中迅速恢复过来。我离境的各种手续只好完全靠巴舍切斯来办。离开精神病院一刻钟后，我俩在巴士车站见面。我同格涅丁约好晚上一起去瓦赫坦戈夫剧场，不过不得不先陪赖希去他秘书那儿，因为第二天在国家电影院放映时我要用她工作。一切顺利。随后，赖希把我送上雪橇，我径直去了瓦赫坦戈夫。演出开始一刻钟后，格涅丁夫妇才来。我正要下决心离开，想起上星期天在"普罗文化"剧场的事，于是开始怀疑格涅丁是否有毛病。此刻已没票了。他最终想办法弄了几张，不过座位不在一处。在演出间隙，我们尽可能频繁地调换座位，因为座位有两端是相连的，在哪头找到都成。格太太很胖，很友善，也很含蓄。尽管体型平平，但不无魅力。演出结束后，他俩送我到斯摩棱斯克广场，我在那儿上了公共汽车。

1月24日

今天事事不愉快，还累得要死，尽管最终我几乎达到了所有目的。先是在国家电影院无休止地等待。两个小时后开始放映。我观看了《母亲》、《波将金》和部分《三百万案的审判》[1]。看电影花了十卢布：出于为赖希考虑，我要给他为我安排的译员付报酬。她一点也没提钱字，尽管我用了她五个小时。连着放许多没有音乐伴奏的电影，观众几乎只有我们几个，放映室又小，真是单调乏味。我在赫尔岑之家同赖希碰面。午饭后他去看阿斯娅，我在房里等他们，然后我们打算一起去拉奇林家。然而，只有赖希一人露面了，我于是去当地邮局取电汇款。这事花了近一个小时，场景值得描述一番。那职员对待我的汇款就像是我想抢走她最心爱的孩子。要不是有那位能说点法语的女人干预，我就会空着手从柜台回来。回到旅馆后，我感到精疲力尽。几分钟后，我们前往拉奇林家，把箱子、大衣和毯子放下。阿斯娅直接去了那儿。有一大帮人在：除了那位红军将领，还有拉奇林的一个朋友，她要我给她在巴黎的朋友带一样东西，那是位画家。紧张的神经并未松弛，因为拉奇林——她不是个不好相处的人——不断地跟我说话。与此同时，我隐约感到那位将军对

---

[1]《母亲》系弗谢沃洛德·普多夫金（Vsevolod I.Pudovkin）根据高尔基1906年的小说改编的电影，1926年上映。《三百万案的审判》系雅可夫·普罗塔赞诺夫（Yakov Protazanov）导演的侦探喜剧片，1926年上映。

阿斯娅多么感兴趣，所以努力继续观察他们之间的动静。除了这一切，还有个赖希在场。我已放弃同阿斯娅说悄悄话的希望，临走时同她交换的几句话毫无意义。接着去巴舍切斯那儿商量一些离境方面的技术问题，然后回家。赖希是在玛尼娅的房里睡的。

1月25日

此地住房的稀缺产生如下效应：与其他城市不同，在这里，街道两旁的房屋无论大小晚上窗户都亮着灯。假如射出窗户的灯光不是那明暗不一的话，你还以为自己看到的是节日灯饰。这些天我还注意到一件事：能勾起你怀旧情绪的不仅是莫斯科的雪，并且包括这里的天空。这是房屋低矮所致。在这座城市里，你总能感到俄罗斯大草原的广阔地平线。没有别的大都市头顶上有这么广大的天空。又看到新奇而令人高兴的东西了：街上一个男孩拎着个木盒子，里面装满了鸟。也就是说他们也在街上卖鸟。更令我好奇的是当天在街上遇见的"红色"葬礼队。棺材、灵车、马的缰绳都是红色的。在另一场合，我看见公共汽车上刷着政治宣传画，可惜车开得太快，没看清细节。这座城市冒出的异样事情真是惊人。每天在我旅馆里很容易见到蒙古人。不过，最近旅馆门口的街上也出现蒙古人了，穿着红黄相间的僧人长袍。巴舍切斯告诉我，他们是来莫斯科出席一个什么大会的。公共汽车上的售票员则让我想起北方的原始民族。他们在车上固定位置站着，身上裹着毛皮，活像雪橇上的萨莫耶德[①]女人。——那天我办了几件事。早上全用来办出境手续上了。我愚蠢得很，把护照上的照片弄上了污渍，只好去斯特拉斯诺伊大街一家快照店去拍照。

---

① 萨莫耶德人：居住在西伯利亚之北的蒙古人。——译注

接着办了些其他事儿。昨晚在拉奇林家,我与伊列斯取得联系,跟他约好在人民教育委员会见面。稍微费了点劲儿,我找到了他。步行从委员会到国家电影院,浪费了好多时间,伊列斯要去那儿同潘斯基谈点事。我突然不知趣地想起能否得到一些《世界的六分之一》电影剧照,于是向潘斯基提出要求。他拐弯抹角地跟我说了一大堆:别在国外提这部电影,解说词里有外国电影的剪辑,什么时候通过还不清楚,担心问题很复杂——总之,他把这要求看成很过分。他接着鼓动伊列斯尽可能立即同他合作,上马拍摄《暴动计划》。伊列斯则有礼貌地坚持否决这一建议。在附近一家咖啡馆(鲁克斯),我终于有机会同他交谈。谈话如我希望的那样富于成果:他向我提供了当前俄罗斯文学团体非常有趣的概况,各个作家都有各自的政治倾向。随后我立即去见赖希。还是在拉奇林家度的夜晚,阿斯娅让我来的。精疲力尽,于是坐上雪橇。上楼一看,那位甩不掉的将军①在场,并且刚从外面买了成堆的糖果回来。我没带阿斯娅要的伏特加,我只找到了葡萄酒。这天同今后几天我们还在电话中聊了聊天,让人回忆起在柏林时的电话聊天。阿斯娅绝对喜欢在电话里说重要的事情。她谈到要同我在"绿森林"里一起生活。当我告诉她这不现实时,她很不开心。就在这天晚上拉奇林送我那把高加索匕首。我待到伊列斯离去为止。精神情绪不在最佳状态。当阿斯娅来伴我相坐时,他们都站起身;那椅子是肩靠肩的情人座。不过,她是跪在座位上的,把我的巴黎围巾围到她自己身上。可惜我吃过晚饭了,桌上许多好吃的东西吃不下了。

---

① 原文为俄语。

1月26日

又是个温暖的好天气。再次让我感觉莫斯科离我很近。我感到渴望学习俄语,像刚来的那几天一样。很暖和,但阳光并不刺眼,所以容易观察街上发生的事。我把每一天都当成上苍赐我两三遍的礼物,因为每天都是如此美好,因为阿斯娅现在常常接近我,因为每一天都是超出计划逗留时间的日子。我于是看到许多新东西。首先看到的是更多的商贩。一个男人肩上挂着一串儿童玩具手枪,不时地拿其中一支发射,枪声穿过晴空回荡在街上。还有许多提篮小贩,卖各种东西的。篮子是彩色的,有点儿像卡普里随处都能买到的那种,双把篮,严格意义上的几何设计,四种色调,都框在方格里。我还看见一个人拿着大柳条箱,箱上有绿色和红色的草编饰纹,但他不是商贩。——今天上午我提着箱子去过海关,但没成功,因为护照不在身上(去办出境签证了)。他们只同意收下箱子,但暂不过关。整个上午没办成什么,在一家地窖小餐厅吃了午饭,下午去见赖希,应阿斯娅要求给他带了些苹果。我一整天没见阿斯娅,但在电话里同她进行了两次长谈,一次在下午,一次在晚上。晚上写辩论文章,是答施密兹论《波将金》之文的。[①]

---

① 1927年3月11日《文学世界》刊出,题为"俄罗斯电影艺术和集体艺术总论"。这篇文章的草稿写在《莫斯科日记》手稿最后一页上。将施密兹作为小资产阶级形象进行一番讽刺性描述后,本雅明接着驳斥了他对《波将金》的批评:"客观地讲,人们可以从政

治角度讨论《波将金》，也可以从电影角度讨论之。然而，施密兹既不从政治角度谈，也不从电影角度谈，他只谈最近他所读的东西。瓦瑟曼的社会小说（别人的也一样）同《波将金》的社会内容相关，正如施托尔的海军（别人的海军也一样）同黑海战舰的操作机制相关一样。类似的比较证明不了什么。人们反对倾向性艺术（政治党派艺术）的态度是再明显不过的。用普通的德语来说：难道还不该永远铲除资产阶级怪物？既然我们已经找出两千年的艺术升华、俄狄浦斯情结、剩余精力、回归到无意识等劳什子，那么在政治上剥夺艺术的美为什么还要哀婉呢？在腐朽堕落时期，资产阶级理论就是这样立论的：只要艺术在政治上保持贞洁，不做阶级斗争的梦，就可以随意闯入有伤风化的场所。然而，徒劳无益的是：艺术总是梦见阶级斗争。唯一要紧的是，随着新意识领域的觉醒，所谓的'党派倾向'就不再是艺术隐匿的成分，而是昭然若揭。这一点正是我们看这部电影的原因。"
（手稿至此中断）

1月27日

　　我仍穿着巴舍切斯的外套。——今天是个很重要的日子。上午我又去了玩具博物馆，看样子有机会弄到照片。我看见了巴特兰姆放在办公室的那些玩意儿。有一幅狭长的墙挂地图吸引了我，它寓言般地用一系列溪流展现历史，五彩缤纷，蜿蜒曲折。名称和日期以编年的顺序记录在每条溪流的河床。这幅地图据说是19世纪初制作的，我则再将它上溯一百五十年。其次是一座有趣的机械钟，一幅镶在玻璃框里挂在墙上的风景。钟的机械坏了，原先驱动风车、水车、窗户和小人的钟摆不再工作。左右还有嵌在玻璃里的两件浮雕，也挂在墙上——一件是特洛伊木马计，一件是摩西从岩石上取水——不过这些是静止不动的画面。除此以外尚有儿童图书，一套游戏卡片和其他东西。博物馆当天不开（星期四），去巴特兰姆的办公室要经过一个庭院，紧挨着一个非常美丽的旧教堂。这里尖顶教堂风格之多样真是令人惊叹。我估计这些纤细方塔形尖顶可以追溯至18世纪。这些教堂高耸于庭院，就像村子里的教堂出现于一道风景，周近只有几幢房屋点缀。我随后立即回去放置一张大雕版印刷图——少见的整版印刷，略污损，可惜加贴了一块纸板。这是巴特兰姆送我的，他自己的收藏里已有复本。然后去赖希家。阿斯娅和玛尼娅已经到了（第二次去才结识迷人的达莎，她是乌克兰犹太人，当时正为赖希做饭。）我进去时屋里正充满火药味儿，我这边则努力避免把火往自己身上引。我感觉到是什么导致这局面,但事情的缘由太琐碎,我不想去记它们。不出所料,事情终于爆发,就在怒不可遏的阿斯娅为赖希铺床的时候。我们终于离开了。阿斯娅一门心思做着各种努力寻找工作,在路上她谈到这些。事实上我们只一起步行到下一个公共汽车站。当晚我多少有望见到她,不过得先打电话看是否她得去见诺林。我已习惯尽量别把她的允诺当回事。事后她打电话给我说,她太累,不能去见诺林,不曾想裁缝让她赶快去拿衣服,因为第二天不开门——她的裁缝在办住院等等——我放弃了当晚见她的希望。情况发生了变化:阿斯娅让我在裁缝家门口碰面,取完衣服后我们一起去什么地方。我们想起阿尔巴特街的一个地方。我们实际上是同时到紧挨着"革命剧场"的裁缝家的。然后我在门口等了近一个小时——我去房后的三个庭院之一看了看,待的时间不长,回到门前时以为阿斯娅走了。足有十分钟我对自己说不能再这样等下去了,这时阿斯娅终于出现了。我们走到阿尔巴特大街。经过一阵犹豫,走进一家叫"布拉格"的餐馆,爬上宽阔而曲折的楼梯来到二楼,来到放有许多餐桌灯光通明的房间,这里大多数桌子都空着。靠右在房间的另一头是个舞台,从那儿不时传来交响乐声或演讲声或乌克兰歌曲合唱队的歌声。阿斯娅在窗前恐高,我们马上换了座位。来这样"豪华"的餐厅,竟穿着破鞋子,她感到难为情。在裁缝家她就穿上新衣服了,衣料是已然过时的旧黑布,不过穿在她身上还好,总的来讲跟那件蓝衣服一样。我们的话从阿斯塔科夫开始。阿斯娅点了烤羊肉串,我则要了一杯啤酒。我们面对面坐着,想着我就要离去,相互看着对方。这时阿斯娅头一次公然对我说,她曾一度想嫁给我,假如事态不是那样发展的话。她说是我而不是她赌输了机会。(我不记得了,也许她没用"赌输了"这样尖锐的字眼。)我说假如她想嫁给我,一定是因为小鬼鼓动的。——是的，她觉得向我朋友介绍自己时以妻子的身份出现也真滑稽得很。不过此刻，她的病快好了，小鬼也不缠着她了，意志却完全消沉。对我们来说，存货里不再有未来。我：不过我打算坚持不放，纵使你去符拉迪沃斯托克，我也跟你去。——你也要继续同那位红军将领做"家庭朋友"的游戏吗？假如他像赖希一样蠢，并不会把你扔出去，我不反对。假如他会把你扔出去，我也不反对。——一会儿她说："我已经习惯〔与你〕在一起了。"但在末了我说："我刚到的那几天我告诉你要立刻娶你。但是，我不知道会不会将婚姻进行到底，我想自己不会忍受这样的婚姻。"接着她说了如下漂亮的话：为什么不？我是一只忠诚的狗。我跟男人同居时，采取的是野蛮态度——当然这不对，但我也没办法。假如你同我一起生活，你不会经历不时袭来的焦虑和悲伤。——我们接着以这种方式谈了下去。我会永远看着月亮思念阿斯娅吗？我说希望下次见面时事情会有所改善。——你说你会变得适应二十四小时与我厮守吗？——我说我想的不是这个，我只是想跟她更亲近些，想同她交谈。只有同她亲近，我才有欲望同她交谈。"多么可爱。"她道。——这场对话使我次日坐卧不安，夜晚也不得宁静。然而，我出门远游的愿望比我对她的欲望更强烈，尽管这也许是因为同她的关系里遇有许多障碍。此刻，这些障碍仍未排除。在俄国，党内生活对我来说很困难，党外生活则希望更渺茫，生活也不见得不难。阿斯娅则在俄罗斯植了根。当然，她对欧洲也有怀旧情绪，我之对她仍有吸引力也还因此。而同她一起生活在欧洲——这可能有一天成为最重要最实在的事，假如能赢得她去那儿的话。在俄国——我怀疑。我们坐雪橇回她的住处，在橇上紧拥在一起。天黑了。这是我们在莫斯科唯一的一次天黑时在一起——在茫茫的大街上，在雪橇窄小的座位上。

1月28日

　　早就想逛逛阿尔巴特街右边的那些街巷，所以尽管今天雪融化了，我还是一往无前地行进。我于是来到沙皇从前养狗的地方，现在是个广场。广场四周的房屋低矮，有的还有前廊，柱子支着的那种。广场的一边有一些样子吓人的高建筑，这些房子新些。"40年代日常生活博物馆"就坐落在这里——不高的三层楼房，房间布置都是那一时期富裕的资产阶级风格，很有品位。家具很漂亮，让人想起路易·菲力浦风格：五斗柜、烛台、窗间墙、屏风（有一扇很特别、木头里镶着厚玻璃）。所有房间都布置得像还有人住在这里：纸、便条、睡袍、桌上或椅上的围巾。事实上整个参观花不了多少时间。令我吃惊的是没有看到孩子们的房间（因此也就没有玩具）。也许那时候没有孩子玩的房间？还是漏掉了？还是在最顶层？随后我又转了转周围的街巷，终于又走向阿尔巴特街。在一家书店驻足，发现维克多·提索特（Victor Tissot）1882年出的一本书《俄罗斯与俄罗斯人》（*La Russie et Les Russes*），花二十五个戈比买下它，觉得这本书也许能为我提供些莫斯科的情况，对我计划中的城市文章有用。我把书放回去，然后去见赖希。这次我们的交谈顺利些。我已对自己发誓不再制造紧张局面。我们谈到《大都会》①，谈到柏林人对它的反应是如何糟糕，尤其是在知识分子中间。赖希把这种失败的试验归咎

---

① 费瑞兹·朗（Fritz Lang，1890-1976年）1926年制作的电影。

于知识分子本身，以为是他们过高的期望导致这种危险的举动。我不同意他的看法。阿斯娅没露面，她晚上才出现。不过，玛尼娅在此待了会儿，达莎也在房里——一位小巧玲珑的乌克兰犹太姑娘，她也住这儿，为赖希做饭。我觉得她很迷人。两位姑娘讲意第绪语，我不知她们在讲些什么。我回去后给阿斯娅打了个电话，让她从赖希那儿回来时到我这儿来一下。她还真的来了，疲惫得很，一进门就躺到床上。我一开始很不知所措，又不敢吱声，生怕她一抬腿走人。我把巴特兰姆送我的大幅版画拿出来给她看，然后商量星期天怎么过：我答应陪她去看达佳。我们又接吻了，谈到一起去柏林生活，谈到结婚，谈到至少一起旅行一次。阿斯娅说没有别的城市像柏林这样让她难以割舍。这跟我有关系吗？我们俩坐着雪橇去了拉奇林家。特维尔斯卡娅大街上雪太少，雪橇很难加速。在小巷子里则好多了。驾雪橇的人走了一条我不熟悉的线路，经过一家浴室；我可看见莫斯科不显眼的角落了，好得很。阿斯娅跟我讲了些俄罗斯浴室的情况，我已知道它们实际上是妓院，就像中世纪德国浴室。我则跟她讲了马赛[①]的情况。我们十点不到到达拉奇林家，此时没有别的客人。今晚静得宜人。她同我讲了有关档案文献的各种细节。除了别的东西，他们发现沙皇皇家成员之间的通信里有些加了密码的段落包含最不可告人的色情内容。我们于是讨论这些东西该不该发表。我意识到赖希的观察很有见地：拉奇林和玛尼娅都属于共产党里的"道德派"，永远采取中间立场，永远也看不到真正"政治"立场的可能性。我坐在长沙发上，身子偎依着阿斯娅。我们就茶和牛奶吃了燕麦片。差一刻十一点左右我离去了。即便是夜晚天气也暖和得很。

[①] 参见本雅明1928年的文章"马赛"里关于红灯区的评论，见《断想》第131页（英文版）。

1月29日

无论从哪方面讲今天都不顺。上午十一点左右去巴舍切斯那儿,不曾想他已醒了,正在工作。不过,我还是照样要等他。这次是因为他的邮件不知放哪儿了,我用足有半个小时才找到。然后是等他打字,同时把一些最近的编者按手稿像平常那样拿给我读。总之,离境手续本来就很麻烦,这样办事就更让人难以忍受。一天下来便知道格涅丁的建议很荒唐,在莫斯科报关麻烦得很。在不可想象的烦琐中我想到他的建议给我带来的麻烦,昔日的出行箴言在头脑中刻得更深了:不要听不请自说的任何人的建议。如此的必然结果当然是:当你把自己的事情交到别人手上(如我所做),你就得严格按他们的建议去做。我离境前的最后关键的一天,巴舍切斯弄得我很狼狈。2月1日,离出境就剩下几个小时,我费了九牛二虎之力,在他派来的仆从帮助下,终于把我的箱子弄了进去。一上午几乎什么也没做成。我们从民兵手里拿回护照和出境签证。我没及时想到今天是星期六,海关一点后可能不办公。等我们终于来到"人民外事委员会"时[①],已经过了两点。我们是步行在彼得罗夫卡大街上的,最后在"大剧院"的行政楼前停下;巴舍切斯利用他的影响,为我预订了两张星期天的芭蕾舞票,然后去国家银行。两点

[①] 原文为俄文缩写。

三十分我们终于到了卡兰切夫斯卡娅广场，却被告知海关官员刚离去。我同巴舍切斯上了一辆汽车，请司机在公共汽车站停一下，我好去拉奇林家。原本计划两点半接她，一起去列宁山的。她和阿斯娅都在家。我对阿斯娅宣布弄到了两张芭蕾舞票，她的反应不像我预期的那样热烈。她说要是星期一的票就好了，星期一"大剧场"上演《钦差大臣》。上午的徒劳无益办事令我疲惫不堪，又十分生气，懒得答她的话。出门回来后，拉奇林邀我吃晚饭。弄清阿斯娅也在那儿吃，我就接受了。我们那小小的远征是这样的：离房子不远处一辆公共汽车从我们鼻子底下经过。我们继续朝"革命广场"方向走——拉奇林觉得也许在那儿等更好，因为有更多线路的公车可以选择。我不知道，我倒不是觉得走路乏，而是交谈的微妙和误解叫人觉得累。当一辆公车正好经过时，她问是否上，我微弱地说了声"好"。我真不该示意她注意这辆车。她已在车上，车渐渐加速，我赶了几步却没上得去。她冲我喊道："我在那儿等你。"我慢慢地走过"红场"，来到广场中央的汽车站。她一定是只等了我一小会儿，因为我到那儿时找不到她。我最后认定她的意思是在终点站等我，于是我上了下一趟车，坐到途经莫斯科远郊部分地区。从心底里讲，也许我是故意要一个人乘车的。事实上，我跟她出游，无论去哪儿，都不好玩儿，我觉得没劲。此刻无端地在不熟悉的地方漫游，还是别人让来的，我倒觉得挺惬意的。我才发现莫斯科郊区有些地方绝对像那不勒斯港区街道。我还看到了巨大的莫斯科无线电传送架，其形状与我在别处看到的不同。汽车行驶的马路的右边时不时出现几座大楼，左边则星散着窝草棚，并且大部分系田野。莫斯科的乡村特质在郊区的街道上毫不掩饰、明显不含糊地展现在你眼前了，就像是突然跳到你跟前一样的。世上也许没有其他城市像莫斯科这样有如此不规则、有着乡村品质的空地,其广阔无边只有天气不好的时候、冰雪融化的时候、或者下雨的时候才受到影响。公共汽车的终点站在一个小旅店眼前,这小旅店坐落于不再算城区的旷野,但也不太有乡村味儿。拉奇林当然不在那儿。我立刻又乘车返回,只剩下回旅馆的力气了,因此没应她之邀去吃晚饭。我中午没吃饭,只吃了几片当地产的华夫饼。刚到家,拉奇林就来电话。我不知怎么对她没好气,多少有点替自己开脱;她倒挺友好,还尽安慰我,这让我又惊又喜。这事很荒唐,他们对我表示不会告诉阿斯娅。不过,我没答应马上回来吃晚饭。我只是太累了。我们约好七点钟我去。最让我惊喜的是:去了那儿后发现只有她和阿斯娅在那儿。我不再记得我们谈了些什么了。唯一记得的是当我离开时——拉奇林已离去——阿斯娅给了我一个吻。随后在阿尔巴特大街上的一家餐馆想弄点热的吃,却徒劳了。我点的是汤,他们上的却是两块奶酪。

1月30日

我在此添记些回柏林后遇到的有关莫斯科的事情（在柏林从2月5日起我继续写这些日记，从1月29日记起）。对来自莫斯科的人来说，柏林是座死城。街上的人似乎都是孤魂野鬼，人与人之间保持很大一段距离，都是孤零零地走在宽阔的大街上。当我从动物园那儿的火车站乘车去"绿森林"时，沿途的居民住宅区给我的印象是刚刮刷过的，过于干净，过于舒适。一个城市及其市民的形象也就是心态的体现：我对柏林的新印象绝对是俄罗斯之行的结果。无论对俄罗斯了解得多么不透彻，但人们可以用发生在俄罗斯的事情来观察评判欧洲。这是身在俄罗斯的神情专注的欧洲人义不容辞的首要责任。在俄罗斯逗留对外国来访者而言是试金石，其理由正如上述。每个人由此必须选择并确定自己的观点。总之，在俄罗斯的体验越皮毛、越褊狭、越不充分，所形成的理论也就越肤浅。当你更深入地研究俄国局势时，你就不再感到自己会立刻被各种表象所吸引，而欧洲人的心又很容易被表象所迷惑。我在莫斯科的最后几天，似乎看到了更多的蒙古商贩，他们都在卖五彩缤纷的纸制品。我看到一个男人——事实上不是蒙古人而是俄罗斯人——除了卖篮子外，还卖玻璃纸制的小笼子，里面有纸制的小鸟。不过，我也看到卖真鸟的了，一只白色的金刚鹦鹉；在米亚斯尼茨卡娅街，一个女人坐在装有亚麻布制品的篮子上向路人兜售。——我在另一处还看见卖儿童秋千的。莫斯科实际上不再有钟声,那大城市上空回荡的不可抗拒的哀婉之声。这也是回柏林之后才意识到的,回来后好好听了一番。——我到达雅罗夫斯拉夫斯基站时,阿斯娅在等我。我迟到了,因为等有轨电车等了一刻钟,星期天早晨又没公共汽车。没有时间吃早饭了。一天,或者说一个上午都被焦虑陪伴着。只有坐雪橇从精神病院回来时,我才感到一路驾驶的快乐。天气很温和,太阳在我们背后。我把手放在阿斯娅后背,都能感觉阳光的灼热。为我们驾雪橇的是常为赖希服务的那人的儿子。这次我才知道沿途那些可爱的小房屋不是普通农舍,而是富农的家。阿斯娅坐雪橇本来就很开心,到达目的地后就更开心了。达佳没同其他孩子一起在冰雪融化的阳光底下玩耍。他们去里面叫她。她走下石阶来到大厅,眼里充满泪水,鞋袜都破了,几乎赤着脚。原来她从未收到寄给她的袜子,在过去两周里根本就没有人照看她。阿斯娅伤心得话都说不出口,也无法向大夫开口提此事,她本想说来着。她一直挨着达佳在门口的木长凳上坐着,急切地为她补着鞋袜。过一会儿又怪自己去补那鞋子,那实际是一双破拖鞋,根本无法为孩子保暖。她担心孩子还得被迫穿这双鞋,而不能像穿一般鞋子或靴子那样奔跑。我们本打算带达佳坐雪橇兜风五分钟的,这下看来不可能了。其他来探视的人都走了,阿斯娅还在那儿缝补,直到人家喊达佳去吃晚饭。我们离开了,阿斯娅一脸沮丧。我们到火车站时,火车刚开出几分钟,所以得再等个把小时。一开始我们做"该坐哪儿"的游戏,阿斯娅想了一个我绝对不想坐的地方。然而,当她终于让步时,我却坚持坐在原地。我们点了些火腿、鸡蛋和茶。在回去的路上。我讲到伊列斯的剧本给我带来的戏剧想象:把革命时期护卫队的故事搬上舞台(比如说护卫犯人的给养)。我们从火车站坐雪橇去看赖希,他正搬入新居。第二天阿斯娅也要搬入。我待了很长时间,等着吃饭。赖希又问我关于那篇论人文主义的文章的事,我对他解释说,在我看来,应该特别注意学者和文人之间的区别——两种类型曾经被视为一种(或者至少统一到学者头上)——现在碰巧是资产阶级取得了根本胜利,而文人的地位则在下降。值得注意的是:在革命准备阶段,最有影响的文人既是诗人,也是学者。的确,学者占着优势。我开始感到不腰痛了,腰痛在我待在莫斯科的最后几天里一直折磨着我。饭终于来了,是一位邻居给我们带来的,很好吃。阿斯娅和我都离开了,各自回住处;晚上看芭蕾时还要见面的。我们碰见一个在街上躺着抽烟的醉鬼。我把阿斯娅送上有轨电车,然后独自回旅馆,剧院的票已被送到那儿了。晚上他们上演的是斯特拉文斯基的《木偶戏,女妖精》——一个不知名的作曲家[①]作的芭蕾舞曲——还有里姆斯基—柯萨科夫的《西班牙随想曲》。我很早就到了,因为我清楚这是我在莫斯科能同阿斯娅私下交谈的最后一个夜晚。我在大厅里等她,只希望能早点同她进剧场,坐在那儿长久地等待开幕。阿斯娅来晚了,不过我们尚能及时找到位子。坐在我们后面的是一些德国人;与我们并排的有一对日本夫妇带着两个女儿,小家伙们都留着日本式油光可鉴的黑发。我们坐在第七排。第二个芭蕾舞是著名的(虽然上了年纪)芭蕾女星盖尔泽表演的,阿斯娅在奥瑞尔[②]时就认识她。《女妖精》在许多方面都愚蠢得很,不过倒能体现这家剧院惯有的风格。这出舞曲可能上溯到尼古拉一世时期,所提供的娱乐有如游行队伍中的那种。最后一场是

[①]《女妖精》俄文名为《肖邦曲》,A. 格拉祖诺夫(A.Glasunov)根据肖邦乐曲改编的舞曲。

[②] 叶卡杰琳娜·盖尔泽(Ekaterina Gelzer,1876-1952 年),著名芭蕾舞演员,1898-1934 年间在莫斯科大剧院跳芭蕾;1925 年被授予"人民艺术家"称号。阿斯娅 1918-1919 年间在奥瑞尔从事实验儿童戏剧活动。

声势浩荡的里姆斯基—柯萨科夫芭蕾，一阵风似地演过。其间休息了两次。第一次休息时我撇下了阿斯娅，独自去剧院门口取节目单。等我回来时，我发现她倚在墙上，正同一个男人交谈。等我事后从阿斯娅那儿得知那是诺林后，才意识到我盯着他看时有多么地不敬，心里诚惶诚恐。他总是亲切地称她为"你"（Du）——叫得那么执意，她别无选择，也只好以"你"相称。他问她是否独自来看节目的，她答说不是，是同柏林来的一个记者一起来看的。她从前也向他提起过我。阿斯娅今晚穿的是我给她买的布料做的衣服。她肩上披的披肩是我从罗马带到里加送给她的，是黄色的。她的脸一半出于天生，一半由于生病和白天的劳累，也是黄色的，一点血色都没有。所以，她的整个外表由三个颜色相近的色调构成。看完节目后，我只有同她谈次日晚上安排的时间了。假如我要去特罗伊采[①]郊游，就需要一个整天，只剩下晚上的时间了。她想待在家里，因为她打算早上再乘车去看一次达佳。于是我们说定无论如何晚上我去看她，尽管这一致的意见是最后达成的。还在商量的时候，阿斯娅就想跳上一辆有轨电车——但又决定不上。我们站在剧场前一个大广场的最热闹处。我内心的爱恨风雨般交加。最后互道了声"再见"，她离开有轨电车的站台，我留了下来，犹疑着是否跟着她跳上车去。

[①] 位于谢尔盖耶夫（1930年更名为扎哥尔斯克）的特罗伊采—谢尔盖耶娃寺院。

1月31日

我已定于2月1日离境，不可更改，是30日预订的票。不过，仍然得将行李报关。按约定的时间，我八点一刻去巴舍切斯那儿，以便有时间去海关，然后去赶十点的火车。事实上，火车十点半钟才开。事先不知道，所以也就没有利用这多余的半小时。多亏火车延误，我们才得以去特罗伊采。假如真的十点钟开，就去不成了。海关的手续很拖拉，当天还办不完。我自然还得付出租车钱。整个劳动证明没有必要，因为他们根本没注意那些玩具；边检的情形也一样。巴舍切斯为我找的杂役在海关取回我的护照，然后直奔波兰总领事馆去取我的签证。所以，我们不只是赶上火车了，而且还等了二十分钟，火车这才开动。我不无懊恼地对自己说，我们满可以同时办海关手续的。既然巴舍切斯情绪已经很不好了，我就把话存放在心里。旅途很单调。我忘了带点什么路上阅读，有时只好睡觉。两个小时后到达目的地。我还没提想在这儿买点玩具。我担心他失去耐心。碰巧先经过一家玩具店，所以我就提了想买玩具。然而，我又不愿马上拽他进去。城堡似的寺院就在我们眼前耸立着，其景象比我想象得要宏伟。它就像一个要塞一样自闭，让人想起阿西西的寺院。不过，奇怪的是，我首先想到的是达乔[①]：其山冠似教堂，

[①] 本雅明1917年在达乔住了几个月治疗坐骨神经。

高耸于城市之巅；就像这座教堂耸立于低矮房屋中。当天很冷清：各种裁缝店、钟表店、面包店、补鞋店在寺院山脚下的门脸都关了。这里冬天的天气也异常美丽温暖，虽然太阳并没有出来。玩具店勾起了我的购买欲，成了第一需要，所以参观时也不甚有耐心看寺院里的宝贝。我正在做我自己最恨的那种游客。我们的向导、博物馆的行政主管就出自这所寺院，一副笑容可掬的样子。我的不耐烦也有其他原因：大部分房间冻得要命，一个佣人就在这样冷的房间里在我们前面将玻璃柜的罩子挪开，无价的挂毯、金银器皿、手稿、祭祀用具就这样陈列着。也许就是这一个小时的参观我才患上可怕的感冒，回柏林还没好。说到底，这无穷无尽的宝物，其艺术价值只有专家内行才能看出，对普通人而言只会感到麻木，感到眼花缭乱。此外，巴舍切斯想看能看到的"一切"，甚至要求去地窖。本寺院的创建人圣谢尔裘斯的遗骨就放在那儿的一个玻璃柜里。真是无法历数所能见到的东西，哪怕只举出部分。靠一堵墙放着的是一尊著名的卢布列夫圣像，这尊像已成该寺院的象征。稍后，在我们参观这座天主教堂时，看到原先挂圣像的地方许多是空的，都移走修补去了。教堂里的壁画正受到严重威胁。由于没有中央供暖系统，春天到来时，墙壁会突然热起来，导致裂纹，潮气由此而入。在一个橱柜里我看到一只巨大的金属盒，通体镶着宝石，那原是为卢布列夫圣像预备的。天使们的身体唯一没有装饰的是那些未穿衣服的部分：脸和手，其他一切都镶着一层厚金箔，因为给画垫了木垫，天使的脖子和胳膊似乎被重金属链绑着，就像脖子上套着铁链服刑的中国犯人的嘴脸。到向导住的房间时，参观结束。这个老头结过婚，因为他指着墙上的画像说是他的妻子和女儿。不过，现在他独自住在这间又大又亮，僧侣味十足的房间，又不完全脱离外面的世界，因为有许多外国人参观寺院。在一张小桌上放着刚从英国来的已打开的包裹，里面是些学术书籍。也是在这里，我们在留言簿上签了名。俄国布尔乔亚似乎把这一习惯保留得比柏林久些，连希克都拿出册子让我签名。——不过，该寺院的外观比任何附属物都要壮观些。在防御设施包围的空地上留下我们的脚印之前，我们在教堂门前站了会儿。左右两边的青铜浮雕铭写着该寺院的历史上的重要日期。比略泛黄的粉色洛可可风格教堂（耸立在旧小房屋包围的庭院中央那些旧小建筑中有一座是鲍利斯·加都诺夫①的灵堂）更美丽更简朴的是长长的农庄建筑和生活用房，长方形的，建在开阔的大广场上。其中最美的要算色彩明亮的大餐厅。从餐厅的窗户那儿可以看到广场、壕沟、墙间的通道，简直是石头城堡似的迷宫。这里也曾有过地下通道，一次为了救寺院于围困中，两个僧侣付出了自己的生命。我们在位于寺院里的餐厅吃了饭，那餐厅和教堂入口正好形成对角线。小吃、伏特加、汤和肉。几间大餐室挤满了人，有真正俄罗斯乡下人或小镇来的人——既然谢尔盖沃最近被宣布为一个镇。正吃饭时，一个商贩来兜售铁丝支架，这种支架可以马上把灯罩变成一只盘子或放水果的筐。巴舍切斯认为他们来自克罗地亚。我看到这些丑陋的玩意儿时则内心涌起久远的记忆。我小的时候，我父亲一定给我买过类似的东西，在某个暑假（在弗罗伊登斯塔?）。吃饭的时候，巴舍切斯向侍者打听当地玩具店的地址，接着我们就上路了。刚走了十分钟，巴舍切斯就停下问路，又得往回走，正好一架雪橇路过，于是上去。饭后走路已耗去我的精力，所以也懒得问为什么走回头路。有一点是肯定的，火车站附近的商店最有可能

---

① 鲍利斯·加都诺夫（Boris Godunov，1552-1605 年），传奇故事里的俄国沙皇。

找到我要的东西。有两家商店,间距不远。第一家店买的是木制的东西。天已黑了,我们进去时,他们打开灯。不出所料,卖木玩具的店很难让我见到不太熟悉的东西。我买了几样,与其说是我自己的决定,不如说是巴舍切斯的推荐。现在想来还是值得买的。我们在这里也损失了许多时间。在周围换开十卢布纸币要等很长时间。我急着要去卖纸玩具的商店。担心它已经关门了。其实没关。不过等我们到那里时,店里已全黑了,存货的房间里没有灯。我们只能盲目地在架子间摸索前进,不时地点一根火柴。就这样还是找到了几样非常漂亮的东西,否则无论如何会错过的,因为店员无法明白我想找什么。等终于上雪橇时,我们俩每人手上一大包东西——此外,巴舍切斯还在寺院买了一大堆简介,以便回去写文章。在灯光昏暗的火车站餐厅里长久地候车真是气闷,幸亏有茶和小吃。我累了,感到有点不舒服。这与焦虑不无关系:莫斯科还有一堆事情等着去落实。返程真是生动有趣:我们车厢里有一盏燃着的灯,在旅途中点着的蜡烛却被偷了。离我们座位不远有一只铁炉子,长凳下玄乎乎地放着的是大块的木柴。列车员不时地打开一个座位,从里拿出燃料去填炉子。到莫斯科时已然八点钟。这是我待的最后一个晚上,巴舍切斯弄了辆出租车。我请他让出租车在我旅馆前停着,自己去放置所买的玩具并急忙收拾要在一小时内送到赖希那儿的手稿。在巴舍切斯那儿,跟他的佣人交待了很长时间,告诉他我十一点三十分来接他。然后我又上了一辆公车,有幸猜出该在哪儿下车到赖希住的地方,于是比预料的早到那儿。我本想坐雪橇的,但不可能:我既不知道赖希住的街道名,也无法在地图上找到那条街附近那个广场的名字。阿斯娅已上床了。她说等了我好长时间,不再指望我会来。(她)要立刻带我去看一个下层酒吧,就在这附近,才发现的。附近也有一家浴室。她是在庭院和巷子里迷路时到处探路才发现这些地方的。赖希也在房里，他开始长胡子了。我累极了，一点也不掩饰自己的精疲力尽，对阿斯娅一贯的神经质询问（如她的小海绵等等）做出粗鲁的反应。不过一切进展得很快。我尽量简短地叙述了郊游的情形。接着是他们要我带回柏林的口信：要给一大帮熟人打电话呢。稍后赖希离开房间去听契诃夫[①]主演的《钦差大臣》收音机重播，那是在大剧院上演的。于是，这一下就剩下我和阿斯娅了。阿斯娅打算次日一早乘车去看达佳，因此我要考虑在离境之前有无可能再见她一面。赖希回来后，阿斯娅则去另一间屋里听收音机。我没待很长时间。不过，在离开前，我把从寺院里带回的明信片给他们看。

[①] 米哈伊尔·亚历山大诺维奇·契诃夫（Mikhail Alexandrovich Chekhov，1891-1955年），演员，导演，1928年移居国外。

2月1日

早上我又去平时去的点心店。点了咖啡，吃了一个甜卷儿。随后去了玩具博物馆。我订的照片还没全部准备好。我不在乎，因为这意味着我能得到一百卢布的退赔，而这时我正需要钱。（我是预先付了钱的。）只在玩具博物馆待了一小会儿，然后去卡梅涅娃学会与涅曼博士道别。接着乘雪橇到巴舍切斯家，再从那儿跟他的佣人去售票处，再后乘出租车去海关。在海关重过的手续简直无法描述。在收款处等了二十分钟，支票是一千一千数的。整个地方没人愿换五卢布。我的箱子里不仅有漂亮的玩具，还有我所有的手稿，所以有必要同我手持的那张票的同一列车走。既然进一步的查验要在边境进行，它就得跟我一起到才是。终于安排妥当。在这里我再次目睹了此地人的奴性——面对海关官员的奸诈和懒散，那位佣人束手无策。用十卢布终于送他上路时，我感到呼吸都轻松了。办事的紧张又让我的腰疼犯了。还有几个小时可以太平地过，真令人高兴。我在广场上一排排美丽的商亭前闲逛，又买了一包克里米亚烟草。在雅罗斯拉夫斯基火车站的餐厅里点了午餐。还有足够的钱给朵拉发封电报，给阿斯娅买副多米诺骨牌。我把最后的注意力全放在办这些事情上了。办这些事给我快乐，因为我能随心所欲，不像以往待在这座城市那样行事。三点不到我回了旅馆。那瑞士人告诉我有一个女人来找过我，说她还会再来。我去了自己的房间，然后径往办公室去付款。回到房间后才发现阿斯娅留在桌上的便条。条上说她等了我很长时间，没吃东西，此刻正在附近的餐厅，要我去那儿见她。我赶忙跑到街上，看见她正朝我走来。她只吃了一块肉，还饿着呢。在带她去我房间之前，我跑到广场上给她买了些橙子和点心。因为走得急，钥匙没给她，她只好在大厅里等着。我问："为什么不进我的房间？钥匙就在门上。"当她说"不在"时脸上现出的少有的友善给我印象很深。这次她发现达佳穿戴整齐了，还同大夫舌战了一番，倒没白费口舌。此刻她躺在我床上有点虚弱，但感觉尚好。我坐在她身旁，然后又挪到桌前，为她在信封上写我的地址。接着去箱里取出我在过去几天里买的玩具拿给她看。她对此甚感兴趣。与此同时——不无原因，也是因为精疲力尽——我在强忍眼泪。我们商量了一些别的事情。该不该给她写信，如何写之类。我请她做一个放烟草的荷包。要写信的。还有几分钟就要走了，我终于开始哽咽，阿斯娅注意到我在哭。最后她对我说："别哭，否则我也要哭了；一旦我哭了，不会像你那么容易止住。"我们紧紧地拥抱在一起。随后去办公室，并没有什么要办的（我不想等苏联公仆）。女仆出现了——我没给小费就从她身边溜走了。同阿斯娅一起出旅馆，她胳膊下夹的是赖希的外套。我让她喊一架雪橇。上雪橇时再次同她道别，还让她同我坐一程到特维尔斯卡娅街角。我送她到那儿。雪橇已经启动，我再次把她的手拉到我唇边，就在街中央。她站在那儿久久地挥手，我也从雪橇上向她挥手。她似乎转身走了，我看不见。箱子放在膝盖上，我含着眼泪坐雪橇穿过暮色的街道来到火车站。

附录一　俄罗斯玩具[①]

各民族的玩具原本是手工作坊的产品。社会的底层群体如农民和手工艺者所采用的原始形式为儿童玩具发展至今打下了坚实的基础。这没有什么特别之处。这些产品释放出来的精神——其生产的整个过程及其结果——对孩子来讲就体现在玩具中。相对复杂的工业过程，儿童自然更容易理解原始手工产品。现代人倾向于做"原始"儿童玩具，其顺理成章的根据碰巧正在于此。但愿我们的手工艺者从事工作时不会经常忘记对儿童来讲，构思好的形式不能算原始，只有娃娃和玩具狗的整个造型经想象做出才算原始。儿童要知道的正是这个；首先是这个确立了儿童与玩具的感应关系。人们也许可以说，正因为此，全欧洲人里只有日耳曼人和俄罗斯人具有制作玩具的真正天赋。

日耳曼玩具工业是最具有国际意义的。图林加的村庄、厄兹格别治地区和纽伦堡地区出产的小娃娃和动物王国、火柴盒大小的农场房屋、诺亚方舟和小羊形状的笔举世皆知，不仅在德国，并且在整个世界。另一方面，俄罗斯玩具却一般不为人知。他们的行业没有工业化，产品很难跨出俄国国界，除了那圆锥体木头做的典型的"娃

[①] 本文由盖里·史密斯（Gary Smith）译成英文，原载《德意志西南广播节目报》。本雅明在校样上曾注明"此为删节本，见手稿"。原手稿却在他的文件里找不到。目前所能知道的仅为本雅明给《广播节目报》寄的11张照片，其中6张发表了。

娃"，涂得一层又一层，代表农妇形象。

事实上，俄罗斯玩具是最精美、最丰富多样的玩具。居住在这个国土上的一亿五千万人由成百个民族构成，而所有这些民族又都或多或少具有原始的或成熟的手工艺技术。于是，他们生产的玩具有成百种不同风格特点，所用的材料也是最多种多样的。纯木、纯泥、纯骨、纯纺织品、纯纸或者混合制品都有。这些材料中最重要的是木料。俄罗斯人的木工技巧无与伦比——雕刻、着色、上漆——在这片大森林的土地上随处可见。有软白柳木做的简单的跳动木偶，有栩栩如生的母牛、猪羊，有珠宝漆盒，上面画的农夫赶着三套车；聚集在酒吧的乡亲、收获的妇女、伐木工人都艺术地再现于彩画上。有怪物成群，有旧世家传奇故事雕塑——莫斯科、列宁格勒、基辅、加尔科夫和奥德萨等城市最典雅的街道上一家家商店里满是这些木制玩具、木制小玩意儿。莫斯科玩具博物馆拥有最丰富的收藏。博物馆的三个橱柜里放满了来自俄罗斯北部的泥玩具。维亚特卡地区生产娃娃粗犷而富乡村气的外表与易碎的质地形成鲜明对照。然而，经过长途跋涉，它们却完好无损。有莫斯科博物馆这样一个安全的庇护所真是它们的幸事。谁知道在当今技术进步的雄风席卷俄罗斯的情况下，这种乡村艺术能维持多久。对这些东西的需求据说已经消失，至少在城市里。不过，在农家，劳作一天后，人们还是捏泥玩儿，并且上彩、火烧。在这些玩具的家乡，它们仍在人间。

附录二　自序[①]

我属于目前三十到四十岁这一代人。这一代人的知识分子显然属于享受过非政治教育的最后一代。战争多少以激进和平主义的立场沾上了最"左倾"的成分。战后德国的历史部分为原左翼知识分子的历史。可以肯定地说，1918年革命由于小资产阶级暴发户心态而失败；这场革命比战争本身更使这代人变得激进。在德国更是如此——这是这一过程最奇特最重要的事实——没有编制的作家的地位成了问题；人们逐渐认识到：作家（如最广泛意义上的知识分子一样）自觉或不自觉、愿意或不愿意地在为一个阶级服务，从那个阶级接受他的指令。鉴于知识分子谋生越发困难这一事实，这一特别的认识最近越发提高了。统治阶级政治上的施压导致这些年的文学审查和审判〔删除了：让人想起"神圣同盟"的岁月〕；这也是这一过程的组成部分。有鉴于此，德国知识分子对俄国的同情不仅是抽象的，而且与具体利益相关。令人好奇的是：一个国家如果无产阶级是雇主，知识分子该如何过活？无产阶级如何界定其基本生存条件？知识分子会找到何种环境？能指望无产阶级政府什么？由于感觉到资产阶级社会知识分子命运所面临的明显危机，托勒、霍里

[①] 本雅明计划中为《人文》杂志写系列文章的序。收入《全集》第4卷。

舍[1]和列夫·马基雅斯[2]之类的作家，沃日勒—沃普斯威德[3]之类的画家，伯恩哈德·赖希之类的导演研究了俄国并向俄国同行靠拢。我自己有同感：作为作家，我在一个城市里享有物质和行政事务特权。（除了莫斯科，我不知道在其他城市，国家会为一个作家付房租——旅馆毕竟属于苏维埃。）以下日记摘要是从我八周的持续日记里选出的。我试图再现无产阶级莫斯科的形象，而这只有在冰雪中亲历过的人才知道它的形象是怎样的。毕竟我曾努力再现它平时的样子，再现工人和知识分子生活的新节奏。

---

[1] 阿瑟·霍里舍（Arthur Holitscher，1869-1941年），小说家兼小品文家。作品有《在苏俄的三个月》（1921年）和《戏剧在革命的俄国》等。1929年本雅明曾评论过他的《莫斯科见闻》。

[2] 列夫·马基雅斯（Leo Matthias，1893-1970年），翻译家兼作家。本雅明写此文时刚读过他的《俄罗斯的天才与疯狂》（1921年）。他的作品还有《世界上的平等》和《向莫斯科行进》（1925年）等。

[3] 亨利希·沃日勒—沃普斯威德（Henrich Vogeler-Worpswede，1872-1942年）曾于1925年发表《俄国游记》。

附录三 本雅明书信选辑

亲爱的格什温〔·肖勒姆〕：[1]

没想到有半个小时可供我支配，正好用来给你写信，告诉你一些我的消息。久不通音讯了。真是巧得奇特，我相信你兄弟也在莫斯科。据我昨天得知，他已被邀作为德国"反对派"[2]的代表参加共产国际扩大会议。我在此向你明确重申，我在这里没有官方使命。不过，自然啦，我在这里发现许多有用有趣的事情需要了解。我的消息主要来源于我的朋友赖希博士，他在这儿已工作一年，主要是为俄国报纸写戏剧评论。经过两天的旅行于6日到达这里。白天满是要看要听的事物，晚上上床时累得半死。当然这与我不懂俄语有很大关系，与天冷也有关系，与印象之深刻也有关系。我还不知道要在这里待多久。既然我的书最终要由罗沃尔特来出版，我就不能永远不回柏林。（圣诞节前能出的只有一卷普鲁斯特作品译文，我会寄给你。）我很高兴你寄给我你妻子的文章。她对小说可爱且尖锐的评论以及对多萝茜娅·施勒格尔的评价都给我带来快乐。在离开

---

[1] 此信由耶路撒冷希伯来大学犹太国立图书馆手稿部提供。
[2] 魏尔纳·肖勒姆（Werner Scholem, 1895—1940年），时任德国国民议会共产党代表。他协助成立了德意志共产党内部分裂出来的左翼反对派（同伙有露丝·费希尔（Ruth Fischer）、阿卡迪·马斯洛（Arkady Maslow）等）。1927年德共斯大林化，肖勒姆被开除出党，尽管仍是国民议会成员。他死于布痕瓦尔德。

柏林前不久，我同米尔雅姆·霍夫里希①交谈过。——暂时别指望我努力描述这里的情形。我来此不久，许多事还需要留心。真的，最好莫过于明年在巴黎见面，以便可以谈谈此行和别的事情。②同时告诉我你在做的事情，把你发的东西寄给我。我的一篇短文《马赛的富有》不久就会发表。③我给《文学世界》写的东西也无疑在你的视线内——哈，我真的到了俄国。在这冬天的艰苦生活条件里，你也总能清醒地意识到这个都市（250万到300万居民）离一切有多么的遥远。从政治上讲，这个人口数字当然等于极有力量的动因，而从文明的角度看，它就成了一种自然力量，很难控制的。这里的生活费用是难以想象的高，真的让我意外并且不快，尤其因为我很少相信职业"旅行"家或"记者"的故事。假如懂一点俄语，满负荷工作，就能过上很好的生活。我想此前曾写信告诉过你，我正为官方的《苏联百科全书》写东西。除了别的东西，我打算为它写几个词条。不管怎样，布伯（！）已委托我为《创造者》④写一篇关于莫斯科的长文。这是上次他访问柏林时定的。他请我供点稿；出于各种考虑我同意了。献殿节⑤快到了，我希望你节日快乐。我

---

① 米尔雅姆·本一加夫利埃尔（Mirjam Ben-Gavriel，1898-1980年），女演员，原籍奥地利，1925年移民巴勒斯坦，当时正在柏林访问。（信中的姓与注解的姓不一。——译注）

② 1927年4月底本雅明和肖勒姆在巴黎相会，当时肖正取道巴黎赴伦敦。这是两人四年来头一次见面，1940年本雅明死前，两人仅再见过两次面。本、肖有大量通信，见本雅明、肖勒姆《通信集1933-1940》，1980年法兰克福版。

③ "南方笔记"发表于1927年3月18日《文学世界》。

④《创造者》（Die Kreatur），文学季刊，编者为布伯（Buber）、约瑟夫·魏蒂格（Joseph Wittig）和维克多·冯·韦萨克（Viktor von Weizsäcker）等人。本雅明的莫斯科之行的财政来源部分自布伯的预付稿酬。为《创造者》写的"莫斯科"已被译成英文，收入《断想》。

⑤ 犹太教献殿节（Hanuka）世称光明节，每年12月左右逢节，为期八天，纪念公元前165年犹太人战胜叙利亚人后在耶路撒冷大庙的重新奉献。——译注

离开时朵拉和斯特凡都挺好。她也可能直接告诉你她已离开乌尔斯坦。她已成为《实用柏林方言》①的主编，该杂志已由另一家公司收购。——前天我同这里的亚历山大·格兰诺夫斯基进行了交谈，他是一家犹太剧场的经理。你知道这个剧场吗？明天我去见卡梅涅娃（托洛茨基的妹妹），她负责外事。他们要为我安排一场讲座。我想甚至有人计划采访我，问我对"莫斯科的印象"。感谢寒冷的天气，知识分子的活动暂时冻结了。（我发现托勒的访问的某些奇特的细节，他的访问突然中止了。）你们两人近来如何？回信请寄柏林地址。同时告诉我有无机会去巴黎。我想三月份我会去那儿。向你和艾沙②表示最热烈的问候。

你的，瓦尔特

1926年12月10日　莫斯科

亲爱的朱拉〔·拉德〕：③

我希望你能收到这封信。收到后给我好好写封回信。我现在之所以敢写信，是因为来此后头一次听到了德国的消息。我以为所有的信都丢失了。邮寄似乎十分可靠。我已给你写了张明信片——别以为可以轻而易举地报告这里的事情。要写像样的东西，我还有大量工作要做，所见所闻多着呢。目前的情况——尽管稍纵即逝——

---

① 朵拉·本雅明在乌尔斯坦出版社的活动不详，因为战时出版社的档案被毁了。1927年后《实用柏林方言》更名为《摩登世界》。

② 艾沙·伯夏德·肖勒姆（Elsa Burchardt Scholem）是格什温·肖勒姆的首任妻子（1923-1936年）。

③ 朱拉·拉德（Jula Radt，生于1894年），有许多年与本雅明关系很近，尤其是从1912-1915年和1921-1933年。她是位雕塑家，1916-1922年属于斯特凡·乔治（Stefen George）圈里的人，此后回到柏林。1925年同弗瑞兹·拉德（Fritz Radt）结婚并流亡荷兰。此信收入《本雅明书信集》。

格外有价值。一切都在建设中或者重建中,每一刻都面临关键问题。这里的公共生活很紧张——很大程度上实际像宗教——私人生活被排斥得难以想象。假如你在这儿,会比我更惊讶的。我还记得夏天在阿盖你讲的有关俄罗斯的一些话。

——我无法评估这里发生的一切。基本上讲,这里的情况使人能(也要求人)占据一个职位,尽管在许多方面这个职位让人琢磨不定。从外面看,所能做的只是观察,完全不可能预测俄罗斯会发生什么。真正的社会主义社会也许完全不同。决定性的战役仍在进行中。接触这种情形真是再利于研究不过了,但出于根本的考虑,我不可能完全介入。还要看在多大程度上我与这些发展能建立具体的关系。各种因素似乎使我从现在起要给俄罗斯报刊写相当数量的文章,有可能还要为《百科全书》写不少东西。有很多东西要完成,而人文方面的撰稿人又奇缺。——除了这,我还不知道如何写我的访问记呢。我想我已向你提起我以日记的形式收集了大量资料。——一家小酒吧的可爱歌声使我逃避了圣诞夜可怕的孤独。有许多美丽的体验:坐雪橇穿过俄罗斯冬天的森林去第一流的儿童诊所看一位美丽的小女孩。经常去剧院——关于此,国外的说法有许多不确切。说实话,就我所看的戏剧,只有梅耶霍尔德的作品有着真正重要的意义。尽管冻得要命(零下二十六度),在城里散步仍是件愉快的事;假如不是太累的话。由于语言不通,日常生活紧张,我经常感到疲劳。不过,在这种季节来此访问对我的健康极有利。当该说的该做的都完成时,感觉真好;好久没有这样了。这里的物价贵得不可想象,莫斯科也许是世上东西最贵的地方。——回去后详谈具体。你拿到斯通为我拍的头像了?近来如何?伊尔斯[①]来柏林了吗?弗瑞兹怎

---

① 伊尔斯·赫尔曼(Ilse Hermann)系朱拉的朋友,后者的雕塑室在前者的父母家。

么样？拿你的洋葱皮信纸好好给我写几张信。你可以用罗马字母拼我的地址，但一定要深情地给我回信。祝新年快乐。

你的，瓦尔特
1926年12月26日
莫斯科
凯旋公园

明信片

亲爱的克拉考尔先生：[①]

  我能举出许多理由说明长久以来为什么保持沉默。也许最好的理由还是你最后那封信的结尾提供的："可是一个人为谁写作呢？你能回答吗？"的确，一个人可以费两个月时间琢磨这个问题而没有答案。然而，事实上我已在此瞎闯了几个星期，外面冻得要死，屋里点着火——希望不会徒劳。我没有足够的剩余精力做日常工作。我不久就要返回。信就写到"绿色森林"吗。无论怎样，我无法向你通报这里的情形，因为我必须接着观察，反思，直到最后一分钟，假如最后我能拿出一知半解的总结的话——即便是这，也只是关于莫斯科的一点皮毛。说实话，考察这座城市不那么容易厌倦。你跟

[①] 西格弗里德·克拉考尔（Siegfried Kracauer，1889-1966年），小说家、批评家、电影理论家。本雅明通过恩斯特·布洛赫认识了他。克拉考尔是约瑟夫·罗斯和特奥多尔·阿多诺的亲密朋友。从1920-1933年，他是《法兰克福报》的文化版编辑。通过他，本雅明得以在该版发表许多评论。1936年之前，他们频繁通信。《大众装饰艺术》分两部分载于1927年7月9日和7月10日版《法兰克福报》，日后作为同名专著的一章重印。该书尚包括《走向本雅明的作品》一文，论及《单行道》和《德国悲剧的起源》。该文系评《单行道》仅有的两篇实质评论之一。此明信片藏于席勒国立博物馆。

罗斯交谈了吗？他会把为我准备的一些文章交给你，如能为我寄到"绿色森林"，我将不胜感激。希望能找到你最近的作品（《大众装饰艺术》）。在我返回的时候。谨致热烈的问候。

你的，瓦尔特·本雅明

亲爱的克拉考尔先生：①

  我早就想给你写信了。可是刚回来，发现我那属于自己的玩具编辑小办公室里有许多事情要处理，再加上患了流感。我在我的"莫斯科"文件堆里摸索了已有几天。你也许会在《文学世界》上看到我的一些小文章。寄到法兰克福的一套可爱的照片（俄罗斯玩具）也许你已经收到了。我拟把它们投给"图片版"②，希望由你转呈（因为配文也要经你手的）。假如不是一位朋友突然带我去见〔卡尔·〕奥滕，你也许已经看到我的配文了。奥氏已准之寄往法兰克福。我终于计划写一点关于莫斯科的"综合性"文字了。不过，我往往把它们分成特别小的独立成篇的短文，读者大抵要自行选择阅读。不过，无论文章怎样，为朋友传达的讯息有多少，这两个月对我来讲真是无以比拟的体验。眼见的比理论更丰富更生动——这正是我希冀的，我想自己大有收益。我明白我因此不情愿地离你的巴黎笔记③的特点之一更近了，事实上我很喜欢这些笔记。我敢说我的巴黎"观察"基本上与你的巧合了。"面面俱到"——要想把这

---

  ① 此信由席勒国立博物馆提供。
  ② 这些照片最终不是《法兰克福报》的"图片版"发的，而是《德意志西南广播节目报》发的（1930年1月19日）。
  ③ 克拉考尔的"巴黎笔记"刊于1927年1月13日《法兰克福报》。

座城市事物的美、生活的美都展现出来，这个方式绝对的好，尽管失之虚幻。不知你是否在读《新法兰西评论》上纪德的非洲日记[1]。无怪乎由于他的报道（毫不掩饰地严厉揭露当地法国殖民残暴），法国总督被迫辞职。想想德国官僚吧。或者举个实际经历过的事或兴登堡当选后对虐待儿童案子的处理：有没有超过罚款或两周徒刑的。我希望不久能同你讨论此类或相关问题。三月中我将在法兰克福待几天，很希望同你聚聚，所以此信写得更详细些。最后，我列出几本《图书动态》上登出的书（有兴趣评论的）：哈曼：《超灵——德意志文学形态学概论》；拉瑞莎·莱斯纳：《十月》（见第6期）；赫尔穆特·罗格编：《浪漫柏林人的双重故事》（见第7期）；最后，保罗·汉卡莫著《十六七世纪语言方式的概念与阐释》[2]，此书已在第8期上做广告，几天后当出。既然此书与我的领域很近，对我很重要，我就特别希望有机会评论它。——等你的回音。假如见到恩斯特·布洛赫，请告诉他我在莫斯科给他写的两封信都以"无法投递"退回，我急于得到他的地址，听到他的消息。

谨致热烈的问候。

你的，瓦尔特·本雅明

1927年1月　莫斯科凯旋公园

又，我存着你的卡夫卡评论，等我熟悉《城堡》后再读。

---

[1] 该日记日后以《刚果之旅》出版，1927年巴黎加利马版（《法兰西新评论》丛书）。
[2] 1927年7月15日本雅明评论了保罗·汉卡莫（Paul Hankamer）写的书。

我尊敬的布伯先生：[①]

我对莫斯科的访问多少比我想象得要长。回柏林后即开始应付感冒。着手工作已有几天，不过二月底前无法将手稿寄你。能否告诉我你什么时候离开德国？我尽量在你离开前八天把手稿交到你手上。你跟我提到的魏蒂格[②]的作品很有价值，很启发人。有一样我敢肯定，那就是：我的话不会有任何理论。我希望以这种方式能让"作品"自己说话。因为我已成功掌握了这种非常新的没有倾向的语言；这种语言往往能响亮地回应完全转变了的语境的假象。我想给目前的莫斯科做一个描述；在这个描述里，"所有事实已然是理论"，因此可以免于演绎抽象，免于任何预测，甚至在一定的范围里免于任何判断——这些我绝对坚信不可能是在精神上的"数据"的基础上形成的，而只能形成于经济上的事实之基础。很少有人（即便是在俄国）对此有足够的广泛的把握。就目前而言，莫斯科以蓝图的形式展现了各种可能性：首先是革命本身也许成功也许失败。不管是成功还是失败，结果都不可预料，其情景将远不同于人们为未来所画的蓝图。那里的人民和他们的生活环境已明显表现出这种迹象，一点也不掩饰。

今天就写到这里。顺致良好祝愿。我仍然是

你真诚的

瓦尔特·本雅明

1927年2月23日 柏林

[①] 此信原件藏于耶路撒冷希伯来大学犹太国立图书馆马丁·布伯专藏。初次发表于阿多诺和肖勒姆编《本雅明书信集》（法兰克福，1966）。

[②] 约瑟夫·魏蒂格（Joseph Wittig，1879-1949年）为《创造者》编辑（1926-1928年）。

致霍夫曼斯塔尔信选摘

我最尊敬的冯·霍夫曼斯塔尔[1]先生：

上次给你写信距今已近一年。同时，我去了趟俄罗斯。假如我在莫斯科的数月一点风声也没露，那是因为鉴于紧张的域外生活给我的第一印象的冲击太深，无法报告任何事情。我曾希望在第一封信中努力向你描述苏联之行。文章的校样已出来了，但尚未发表。在这篇文章中，我试图描述给我印象最深的苏联生活具体的方方面面。我只照原样描述，没有任何理论演绎，假如不是没有我个人的观点的话。显然，由于语言不通，我只能涉及很窄的生活面。与视觉印象比，我更侧重那里的生活节奏：古代的俄罗斯节奏融入了"革命"的新节奏。我发现，按西方的标准，这种生活比我预料的更不协调。——我曾在访问苏联期间计划进行（有点偶然）一项文学工程，不过夭折。《苏联百科全书》的编辑拟分五个阶段把书出齐，但缺少胜任的研究人员从事这个工程；他们根本无法实施这项巨大的项目。我得以观察他们在马克思主义科学观与希冀获得某种欧洲学术地位之间是如何表现出机会主义式的犹豫的。不过，个人的失望和深冬莫斯科的艰难与活力都不足以减轻对这个城市的深刻印象。这个城市的居民仍处于重大战役的状态，每个人多少都被卷入。我在访俄结束前参观了旧俄第二古代僧院，沙俄贵族波雅尔[2]和沙皇朝圣的地

---

[1] 霍夫曼斯塔尔（Hofmannsthal, 1874-1929 年）很早就认识到本雅明的独特性，曾在 1924 年 4 月号《新德意志文稿》(Neue Deutsche Beiträge) 和 1925 年 1 月号同刊上发表论文《歌德的〈有选择的亲〉》(Goethe's Elective Affinities)。本雅明著《德国悲剧的起源》发表于 1927 年 8 月号该刊。此信收入《本雅明书信集》。

[2] 地位仅次于王公。——译注

方。屋子里满是珠光宝气的圣带，印刷精美的福音书和祈祷书数都数不清。那里留存的手稿可以追溯至阿托斯时期乃至17世纪。还有各时期的圣像，都包着金箔，马多纳头像上的金属像是中国犯人头上的锁链，其目光凝视远方。我是在零下二十度的气温下参观这些的，统共看了一个多小时。整个僧院像个大冰柜，古代文化都保存在冰里，在无法无天的革命岁月。随后几个星期在柏林忙着从详细的日记中选择似乎可谈的东西；这些日记都是访问期间记的，十五年来我头一次记这种日记。回柏林后，我译的普鲁斯特作品发表了〔《追忆逝水年华》〕，我向你确认我不在期间出版商寄了一册给你。假如你有机会一瞥之，希望不要太不屑。批评家们叫好呢。不过，那又能说明什么？我想我可以诚实地说，迄今为止为了最崇高最迫切的理由所从事的任何翻译（比如《圣经》的译文）或者为了纯语义研究而从事的翻译都有点荒唐。假如我的译文不至于太明显地荒唐，就让我感到幸福了〔……〕。①

卢那察尔斯基致《苏联大百科》编者函②

亲爱的同志们：

请原谅我迟复你们的来信和所寄歌德材料。唯有现在我能向你们转达对此事的某种看法。

我完全同意致主编信中所附对本雅明文章的评估。这篇文章有

---

① 英译本节略至此。——译注

② 此函发表于1970年《文学遗产》第82卷（莫斯科）第534—535页。有关卢那察尔斯基与德国作家和文学的复杂关系，较重要的研究见朵拉·安格列斯塔《卢那察尔斯基同德意志文学的关系》（柏林，1970年）。

不当之处，不只是因为它不合百科全书的特点。它展现了作者相当的才华，见解也时常尖锐得惊人，但没得出任何结论。他既没阐释歌德在欧洲文化史中的地位，也没解释他在——姑且说——我们的文化神殿中的位置。此外，此稿还有几个极端有问题的论点。

我不知道是否你们想用这篇文章，但无论怎样我愿提供几点个人观察。第三、四页圆括弧里的段落应该删去。第五页的论述也不能成立："德国革命家不是启蒙运动者、德国启蒙运动者不是革命家。"这种完全错误的论断与作者本人后来所说自相矛盾：他在谈到莱辛的坚定阶级观点时说的话；莱辛毕竟是启蒙者。同一页关于歌德转向任何形式的暴力革命和国家几点写得非常拖泥带水，绝口不提歌德对霍尔巴赫唯物主义世界观充满敌意的深层原因。第六页作者否认歌德的缺陷大抵源自对自然生活的敏感，这种敏感接近辩证观念。第八、九页圆括弧里的东西应当删除。我顺便改了几个拼错的单词之类的东西。第五十九页圆括弧内的思想极不明确。很难让人同意第二部分第二页上作者的看法：歌德与爱克尔曼的谈话是19世纪最优秀的文学作品之一。[①]翻译在第六页上显然漏了点什么；这一段应补上。

总之，我再次建议不印本雅明的文章。

奥斯卡·瓦尔泽尔的文章则更不适合用。当然，很难把歌德的复杂性矛盾归因于他艰苦复杂的生活，同时蔑视其生活、诗作和科学著作的完美统一性。尽管瓦尔泽尔声称自己只是铺陈修订根多尔夫的著作，[②]他的文章不仅从意识形态上为一部马克思主义百科全书

[①] 见约翰·彼得·爱克尔曼《歌德谈话录》。
[②] 弗里德里希·根多尔夫（F.Gundolf）的《歌德》，1916年柏林版。

所不能接受，而且从整体上讲完全不连贯。

不令人鼓舞。

我绝对帮不了什么忙。《文学百科全书》决定让我写歌德词条，我无力接受。与此同时，我认识到就我目前所承担的其他工作而言，再执行如此需要负责的任务，那简直在我是不负责任。

另外，瓦尔泽尔文章所附书目无疑有价值，当然可以很好地利用。

人民公共指导委员会

〔A.卢那察尔斯基〕

1929年3月29日

后 记

盖里·史密斯

本雅明的著作本身就抵制我们将之分类的冲动；将《莫斯科日记》归为自传作品也简直是削弱其意义。[1]本雅明逗留莫斯科两个月的日记实际上是他现存自传文件中最长的一份，[2]文本本身就超出了自传常规。日记的形式既可以当个人回忆录，又可以做百科全书式的观察。本雅明以此方便的工具敛聚个人的印象，而不仅仅是精确的日常记录。本雅明记日记从未能坚持长久；这本日记这么长可以归功于他受托为马丁·布伯编的《创造者》写一篇关于莫斯科的文章。事实上每天所记都包含日后文章里转化了的材料，要么是在那篇《莫斯科》文章里，要么是在回国后发表的有关苏联文化生活的其他文章里。更重要的是，这本日记常常以"不加判断"为特点，本雅明向布伯承诺："一切事实本身已然是理论。"从这个意义上讲，我们可以视之为"公开"日记。

我们读《莫斯科日记》就像是在读一部重写的手稿：本雅明论

---

[1] 瓦尔特·本雅明《莫斯科日记》，盖里·史密斯编，格什温·肖勒姆序（1980年法兰克福版）。这本日记和其他自传作品以及散札都收入他最近一卷作品集（1985年法兰克福版）。

[2]《莫斯科日记》是现存19种本雅明自传文本之一。应当注意，他的自传文本大都是旅行期间写的。

俄国作家派系的文章、论梅耶霍尔德导演的《钦差大臣》的文章以及泛论俄罗斯戏剧、电影、诗歌和玩具的文章在这本日记里都有雏形。连本雅明为广播电台写的论青年俄罗斯诗人的广播稿①在这本日记里都能找到肇端。

这本日记将为研究本雅明的人提供一瞥他的行文的机会：我们可以从他日记的轨迹看他特有的写公开日记的风格演变，看清这本日记里私人生活的本雅明和公共生活的本雅明之间的区别。这本日记不仅有传记和文学价值，还让读者一睹"斯大林化"最初阶段的苏联文化政治。在所谓最后有着"文学独立"的冬天，斯大林战胜了托洛茨基，继承了列宁的位置，文化政策因此变得强硬。本雅明不仅为我们描绘了莫斯科冬天的轮廓，并且为我们描述了革命艺术领袖们的形象。他提供了苏联文化里有着独立情怀的人的结局细节。比如，他写下与文学上的重要反对派列列维奇会面时的情形，就在列氏被东遣的前一天。在梅耶霍尔德导演的《钦差大臣》首演之后，他还参加了圆桌争论，在场的有梅氏、马雅可夫斯基、卢那察尔斯基、别雷和其他许多人。

---

① 与莫斯科之行直接有关的文章包括：《关于梅耶霍尔德的争论》(1927年2月11日)，《赖娜·玛丽亚·里尔克和弗朗兹·布雷》(收入《作品集》第四卷时才发表)，《俄国作家的政治派别》(1927年3月11日)，《俄罗斯电影的地位》(1927年3月11日)，《答奥斯卡·A.H.史密斯》(1927年3月11日)，《俄罗斯玩具》(1930年1月10日，见本书)。一直到1930年，俄罗斯主题在他的发表物中不断出现。参见《在法兰克福会见新俄国来的朋友》(1927年6月10日)，《俄罗斯新诗歌》(1927年)，《格拉诺斯基谈话录》(1928年4月27日)，《匹斯卡托和俄罗斯》(1929年5月27日)，《多么希望俄罗斯戏剧取得成就》(1930年1月17日)，《俄罗斯对德意志问题的争论》(1930年7月4日)，以及为费奥多·格拉斯科夫、伊万·希加廖夫、米哈伊尔·左琴科等人的著作所写的书评(1928年)和为阿列克赛·A.西德罗夫(1928年)、阿瑟·霍里彻(1929年)、尼古拉·冯·阿尔谢涅夫(1929年)等人的著作所写的书评。

本雅明1927年3月23日在法兰克福西南德意志广播电台发表的谈话是"大都市"系列；此前一周播送的是伯恩哈德·赖希的"莫斯科来信"。

《莫斯科日记》为我们提供了一个人的视线和声音；这个人仍是局外者，但又是潜在的同路人。的确，在这方面，本雅明并不像布莱希特或卡尔·柯施，后两位都是有着非同一般谱系的马克思主义者——宗谱上的局外人——跟党的关系都有麻烦。这本日记有许多篇幅都是本雅明用来琢磨是否参加共产党的，以及如何徒劳地希望自己的著作能在苏联顺利出版。他还分析了周围不太稳定的政治局势（通过"事实"）。另外，旅行自传也是这本日记的核心动机——他与阿斯娅·拉西斯以及其终身伴侣伯恩哈德·赖希之间的关系等。

正如他能辨认各种西里尔字母[①]而不确定其意义，本雅明能观察表演或讨论而不懂其语言。他常去看戏，但常常因依赖翻译而焦躁不安。他还特别依赖拉西斯和赖希，不仅仰仗他们翻译，而且听从他们决定去哪儿、见谁、参观什么等。在某种层面上，本雅明所写的莫斯科是他的向导赖希的莫斯科——《莫斯科日记》的重写手稿上能看出赖希的手迹。赖希的个人关系包括奥地利人（巴舍切斯和曾驻维也纳的俄外交官如格涅丁和涅曼）和负责《苏联百科全书》工程的人。本雅明对苏联文化政策的幻灭被赖希强化了，后者介绍他见了文学反对派的重要人物，最重要者要推"警惕派"领袖（列列维奇、别兹门斯基、列别丁斯基）。同赖希，本雅明谈的是新闻以及苏联和德国作家各自的情形。阿斯娅住在病院，赖希向本雅明展示了他（和她）的莫斯科。两个男人之间的关系非常暧昧不明：他们同爱着一个女人，每天抬头不见低头见，在新闻事业上也是竞争对手。本雅明不时对赖希有微词。也许此行最激烈的争论要算是关

[①] 西里尔字母据认为是9世纪时由圣西里尔创制，系俄语、保加利亚语等斯拉夫语字母的本源。西里尔（827-869年），希腊基督教神学家、传教士，与兄梅瑟迪乌斯同向斯拉夫人传教，共创斯拉夫语字母，用斯拉夫语译出《圣经》。——译注

于本雅明对梅氏导演的《钦差大臣》的评论。几年前,在《横断面》里,这两位批评家就发表过来往书信,他们以虚构的伊丽莎白时代的爵士的名义,讨论《哈姆莱特》。①

本雅明的自传文本形式上不完整,主题上也是一系列的未完成。关于共产党党籍问题,没有结果;与阿斯娅·拉西斯的关系没有解决;并且这些关系都未澄清。本雅明仍在局外,是个局外插足者,在革命后的俄国生活里没有位置。他较快地认识并放弃了在苏联谋职的天真想法,而对与拉西斯关系的无望却迟迟不承认,不面对。

这本日记有许多令人不解之处,其中包括文本的抬头。本雅明擦掉了原来的名称(现在无从知晓),代之以"西班牙之旅",也许出于政治原因——以便运送手稿——尽管可能另有所指,不妨考虑是不是指与拉西斯一起的西班牙之旅,计划好了但未实现,才以此替代的?还是俄语对他来说像"西班牙语"(德文里表达"对我来说这是希腊语"即为"对我来说这是西班牙语")?他在莫斯科八周,俄语学习鲜有进步。

* * * * * *

熟悉布莱希特和瓦尔特·本雅明生平的人会认出阿斯娅·拉西斯的名字的。是她 1929 年 5 月最先介绍他们认识的,本雅明请她安排这次会面已有好几年了。三年前布莱希特甚至出现在这儿。本雅明写他在莫斯科第一次见到阿斯娅有如下文字:"我向她介绍布莱希

---

① 瓦尔特·本雅明与伯恩哈德·赖希"戏剧还是评论",收入《作品集》第四卷。

特的情况。"虽然日记没再提他的名字，但不久布莱希特成了本雅明生活和写作中的关键人物；而同时，布莱希特与拉西斯和赖希的关系经过分离，战争或被捕也未中断消失过。

对布莱希特和本雅明来说，拉西斯是最早的有关苏联戏剧和文化政策的信息来源。她曾在莫斯科康米萨泽夫斯基工作室学习过。后来在奥瑞尔，她把梅耶霍尔德一本不知名的儿童剧本《艾丽尼娅》（1919 年）搬上了自己办得很成功的儿童剧场的舞台①。拉西斯和赖希初遇布莱希特是在 1923 年 9 月，当时他们正在慕尼黑的英国花园里散步。布莱希特来慕尼黑是为了给市立剧场（赖希任舞台导演）改编马娄的《爱德华二世》（与莱昂福希特万格合作）。布莱希特当时雇拉西斯作导演助理，甚至派了她个小角色演少年时的爱德华。《爱德华二世》1924 年 1 月 19 日首演，从一月演到三月，不久主要演职人员都去了意大利。布莱希特先去了卡普里，后又去波西塔诺（与布景设计卡斯帕尔·涅赫在一块儿）；拉西斯和赖希（七月）抵达卡普里，在那儿见到马利涅蒂和马克西姆·高尔基（在苏连托）。同时本雅明自己也在卡普里，他与恩斯特·布洛赫在一起。

本雅明和拉西斯就是那时在意大利初次见面的。在自传中，拉西斯是如此描述她初次与本雅明相遇的：当时赖希返回慕尼黑去履行他在市立剧场的义务：

> 一次我想去商店买些杏仁。我不知道意大利语"杏仁"怎么说，卖货的不明白我要什么。这时站在我旁边的男人说："尊

---

① 本雅明曾于 1928 年末或 1929 年初为这本儿童剧写过一种教条式的宣言，这也许是应拉西斯之请写的。见《无产阶级儿童剧大纲》，收《作品集》第二卷第二册。

敬的女士，要我帮忙吗？""请帮帮我。"我说。我买到了杏仁，拿着纸包去匹萨饼店——那位绅士跟上了我，说："我能陪你走，帮你拿东西吗？"我打量着他——他接着道："请允许我自我介绍——瓦尔特·本雅明博士。"我告诉了他我的姓。

我的第一印象——眼镜闪出的光像小车前照明灯，又浓又黑的头发，小鼻子，笨拙的双手——他把纸包都掉在地上了。结论：一个抑郁的知识分子，还是有钱的。他陪我到了家，说了声再见，问我是否允许他再拜访我。

9月10月间，本雅明和拉西斯写下第一篇《断想》，题为"那不勒斯"，发表于1925年《法兰克福报》上。[①]这时，赖希搬回柏林，作为"演职人员"之一筹备《人类就是人类》。1925年2月—3月间，布莱希特同意与赖希合作导演小仲马的《茶花女》，由伊丽莎白·贝格纳主演，剧本根据费迪南·布鲁克纳的译本改编，突出该剧的社会问题。布莱希特不声不响地把戏改了，布鲁克纳未被告知变动。布莱希特给该戏添了几个角色，包括拉西斯演的小角色；同时加了个第五幕，使结尾不那么伤感。这出戏失败得很，布鲁克纳起诉剧院。布莱希特扮演的角色此时已公开，他同赖希都受到了申斥。

1925年11月，本雅明不期然在里加拜访了拉西斯，她在那儿管着一个非法宣传鼓动剧团。除了她自传中的段落外，我们在《单行道》中也能读到关于这次拜访的几个历历在目的情形。在"体视镜"中，他描述里加市场上卖的纸杆儿："像是被最可爱的声音责备——如此纸杆儿。"在"军需品"中，他记得：

[①]《作品集》第四卷。

我来里加拜访一位女朋友。她的家、这座城市、这里的语言我都不熟悉。没人期待我来，没人认识我。我孤独地在街上走了两个小时，此后再也没这样看这些街道。每个大门都射出火焰，每块基石都闪出火花，每辆公车都像火力一样向我驶来。因为她也许从大门中走出，在一个角落附近，坐在公共汽车里。无论怎样，我都得是两人中先看到对方的那个人。因为假如她用眼睛的火柴接触我，我也许会像一本杂志般灰飞烟灭。

在《单行道》中，拉西斯似乎常常出现在字里行间。这些段落先于"莫斯科日记"，这条街（把他引向莫斯科）"以通过作者铺设了此路的工程师的名字命名为阿斯娅·拉西斯街"。在她的自传《职业革命家》中，阿斯娅声称在本雅明转向马克思主义过程中她起了最初的推动作用。本雅明常拿自己的计划来征求她的认可，甚至是写作心理学批判："我再次认识到应付这些题材我是多么地依赖与她的接触，否则不可能去写。"然而，随着日记的推进，如此观察日益减少。事实上，拉西斯鲜能提供实质性的理论指导。本雅明最有趣的讨论似乎是与赖希进行的。在坚持向拉西斯阐述自己思想的同时，日记还涉及他们关系这一主题，这个主题就像一根色情红线贯穿整本日记：不断地执迷不悟，不断地遭到拒绝。

然而，本雅明提到过拉西斯的学术影响仍是事实。1924年底他写信给肖勒姆道："……共产党的信号……是转弯的第一个标志，它唤醒了我的意志，不再伪装（如我过去所为，一本正经地）我思想中现实的政治的考虑，而要去发扬之，我急于去尝试此。"[①]

[①] 见肖勒姆和阿多诺编《本雅明书信集》，1966年法兰克福版第368页。

本雅明是34岁那年去的莫斯科。赖希当时已在为俄国报纸写戏剧评论，尽管也偶尔为《马奇堡报》之类的德国报纸写苏联文化方面的文章。本雅明从莫斯科返回后不久，赖希也为本雅明定期投稿的[①]《文学世界》写了几篇文化短评。1928年11月，是拉西斯和赖希同往柏林（赖希只是去访问）的。布莱希特正写着他的《三分钱歌剧》。拉西斯作为苏联电影贸易代表为苏联使馆工作，常安排些放映，布莱希特有时也来出席。她往来于两派之间：布莱希特——匹斯卡托派和阿尔弗瑞德·库瑞拉——乔治、卢卡契——约翰斯、贝切尔派，立场则在前一派。就在这一时期（1928-1930年），拉西斯与本雅明同居了两个月。通过拉西斯，本雅明终于在1929年5月同布莱希特见面；此时本雅明已37岁，布莱希特31岁。不出一年，本雅明拿出一册日记，里面全是与布莱希特的谈话录；有着历史意义的十年交往在两人之间开始了。[②]本雅明和布莱希特在许多方面都有合作，包括计划"组建一个非常小型的读书俱乐部，由布莱希特和我为首，来摧毁海德格尔"；计划出版一本杂志《批评家与危机》（30年代初在罗沃尔特）。他们还一同在勒拉旺多待过；后来又去斯温德堡布莱希特的流亡地待过。

随着与布莱希特友谊的开始，拉西斯在本雅明的视线里便消失了，尽管还有联系。1935年他写信同她谈了自己的计划并寄了一份

[①] 也许是本雅明向威利·哈斯（《文学世界》编者）推荐的赖希。赖希的三篇文章发表于1927年第三卷杂志上。这三篇文章是：《莫斯科的一场歌手战》、《俄罗斯文学》和《俄罗斯报纸》。

[②] 有关这段友谊最精确最启发人的叙述要算罗尔夫·铁德曼《静态的辩证法》（1983年法兰克福版）中所收谈布莱希特一文。有关本雅明谈布莱希特，见他的《理解布莱希特》（1973年伦敦"新左派"丛书）和"关于布莱希特的广播谈话"，载《新左派评论》1980年9-10月号第123期。

登在《社会调查报》上的一篇文章的复本。拉西斯于1930年回到莫斯科，次年参加厄文·匹斯卡托拍摄安娜·谢盖尔斯的作品《费舍·冯·S.巴巴拉的反抗》，合作拍电影的还有约翰·哈特菲尔德和洛特·勒尼亚。1935年她出版专著论德国先锋戏剧，次年在哈萨克斯坦被拘留，长达十年。在这些年里，赖希也不断遭流放和关押。1937年9月，所有德国侨民的联系突然中断。这一年间赖希被捕，12月底被释放；1941年5月被捕，那是为了见正在莫斯科旅行的布莱希特（此后布氏也被逐出莫斯科）。斯大林岁月过后，拉西斯和赖希一起复出现于莫斯科和柏林，在柏林国民议会充当布莱希特的莫斯科顾问。战后他们写文章论布莱希特并出版他的著作。1956年苏共二十大之后，拉西斯只获准当导演，她把布莱希特的作品搬上拉脱维亚舞台。赖希曾以俄文写过论布莱希特的文稿，曾出版闭口不谈政治的自传，曾主编第一个德文本论述梅耶霍尔德、塔伊罗夫和瓦赫坦戈夫作品的理论文集。[①]

贯穿本雅明莫斯科之行的一个恒久主题是他是否加入共产党的内心冲突。大多数评论者都低估了本雅明对德共内部形势发展了解的程度以及详情了解所带来的影响。不错，党对他最初的吸引力与他未能找到一个学术职位有关，与他为几份报刊工作没有安全感有关，如在《文学世界》的工作。在法兰克福谋职期间本雅明变得激进起来，他想出了一个变通的计划。莫斯科之行前七个月，本雅明把对党暗送秋波视为一场"试验"。

[①] B.赖希著《布莱希特》（1960年，莫斯科），B.赖希编《戏剧十月》（1967年，莱比锡版）。

他在希望与失望的天平上掂量着他决定的结果端赖诸多出书计划受阻情况。假如书出不来，他计划立即入党。在给格什温·肖勒姆的信中，他直截了当表明了这一点：假如出版前景不妙，那他就会"兴许加速参与马克思主义政治——有望在不久的未来去莫斯科待一阵子，至少暂时——加入共产党。无论如何迟早要计划走这一步的"。①然而，本雅明是带着大宗任务去莫斯科的。他是罗沃尔出版社的杂志《文学世界》的定期撰稿人，经常给《法兰克福报》写评论，当时正译着普鲁斯特的《追忆逝水年华》（与弗朗兹·黑塞尔合译，先是受开拓者出版社之托，后是受彼尔出版社之托）。

然而，本雅明对德国共产党的动向很警觉，他在一封信中征询德共内部左翼知识分子"反对派"的意见。格·肖勒姆的弟弟便是"反对派"成员之一，他在本雅明逗留莫斯科期间也应召去那儿，不久就被开除出党。本雅明对是否入党的考虑不只是与文字生涯相关（如前所说），他更深的忧虑是在如此反知识分子的时期与党结盟是否合适。在他自己和魏纳·格什温（时在国民议会代表德共）之间既感到"有选择的亲"，又"吃惊于（他的）激进布尔什维主义理论……"

尽管如此，这又并不意味着本雅明对入党的考虑主要是因为意识形态问题。在这本日记中，他强调党籍会给他带来的保障——左翼反对派"局外人"所没有的联系和机会。事实上，到本雅明出现在莫斯科的时候，党已对其俄国同道越来越不耐烦了，特别是1928年，"十月革命"十周年纪念日时；尽管对外国同道还算照顾。本雅明注意到党要求苏联知识分子政治态度鲜明，而对德国同道则不同，只需"一般含糊的政治背景足矣"。他也许在暗指苏联那些不是正式

---

① 《书信集》第 381-382 页。

党员的作家，只是赞同党的主张的人。

必须记住：本雅明在莫斯科心理上的异常孤独也给他对入党问题的好坏考虑罩上了阴影。文化气氛的无产阶级化使他焦虑而这焦虑更加深了他的孤独。多少年后，他在《作为生产者的作者》一文中又面临这个问题："只要作家与无产者的团结仅是信仰问题，未被作为生产者的作家体验；那么，无论看上去多么革命，政治承诺都将以反革命的方式起着作用。"①

在苏联戏剧研究发展过程中，有一部作品引起过强烈反响，那便是梅耶霍尔德之将果戈理的《钦差大臣》搬上舞台。梅氏重构了俄罗斯这部经典剧作，其方式日后成为苏联革命戏剧的样板。该作品融入果戈理几个文本的对话，在结构上也进行了革新；表演空间有所限制，产生了一系列场景效果。表演和解说之间的界限被打破了。最后一幕演完后，剧场几小时没关门，观众热烈讨论当晚的演出。在拉西斯的自传中，讲到本雅明对《钦差大臣》演出后之争论的出神反应，他自己在《梅氏剧场争论》一文详细报道过：

> 大礼堂里成千名观众讨论着梅氏导演的《钦差大臣》。他们争论着每一细节，不停地插话，鼓掌，呼喊，吹哨。说俄语的人令本雅明着迷，他觉得他们生就是公民权利的保卫者。马雅可夫斯基、梅耶霍尔德和别雷等人发了言。在柏林是看不到这种场面的。②

---

① 见《断想》第 226 页。
② "梅耶霍尔德剧场的争论"收入《作品集》第四卷；见《拉西斯自传》第 58-59 页。

这一事件的意义日后又出现在本雅明《俄罗斯戏剧轰动情形是什么样的》一文中，他在这篇文章里提到苏联戏剧批评问题。[①]从莫斯科返回三年后，他注意到"俄国没有出色的专栏批评家，至少没有戏剧评论家"。因为戏剧的公开性往往能可感知地表现政治的张力。按本雅明的说法，如此结果便是作为批评家而有影响的人物只能是政治人物或公众人物——比如布哈林，他为《真理报》写了评论梅氏作品的文章。他还提到批评家之缺乏影响的更深层原因，这个原因让人想起梅氏剧场的场面：单个批评家的判断被"一开始就喷发的无文化的群众判决"所取代了。梅氏的作品对苏联戏剧史有着革命意义，同时围绕它而起的骚动隐约表明20年代初苏联文化中文化上政治上"缓和"的结束。

这本日记1980年首次全文公开发表。此前从未发表有两个原因：第一，出版社决定在阿斯娅·拉西斯生前不出此书；其次，这本日记已列入计划收入本雅明《作品集》第六卷，该卷包含所有自传性作品和札记，除了"巴黎拱廊街工程"（收入第五卷）。

日记原稿在法兰克福大学收藏的特奥多尔·W.阿多诺文献里。手稿仅56页长，每页21×13.4厘米，有两页还是空白的。也许本雅明拟用这两页附上他在《莫斯科晚报》接受采访的译文。墨水颜色不同表明本雅明最后几天日记（署1月29日的那些）是在柏林记的。手稿只有最初几页天地留得很宽，两边也留出空间。此后越写越密麻，字也越来越小。第十一页后，根本就不留空隙。手稿结尾每页字数翻了一倍：从五百多字到每页一千一百多字。日记中本雅明用铅笔画道儿达41页，以便日后利用。许多文字可以从"莫斯

---

① 见《作品集》第四卷第561-563页。

科"一文中认出，尽管大有改动。

由于本雅明不懂俄语，破译他那前后不一的俄文用名便是一件艰苦的工作，有时只好猜想。德文原版日记用的是本雅明自己的拼法，没做修改。目前的这版英译本都用约定俗成的拼法。这个版本比原版还要有两个方面的好处：它根据罗尔夫·铁德曼为《本雅明作品集》第六卷所做的文本校订也相应做了校订。其次，《十月》的编者同意让我修改更正许多注释，德文版未确认的几个人此版注释都确认了。我将日记的一些段落同本雅明其他作品的一些段落做了比较，删去了一些脚注。我原打算用这些比较来看公开的本雅明和私下里的本雅明在语言、文风和主题选择上有何区别。鉴于本雅明的作品译成英文的较少，在英文版里做此工夫不太可能，也不合适。《莫斯科日记》附有几封书信，有些是六年前才发表的。

我非常感谢格什温·肖勒姆、罗尔夫·铁德曼、西格弗里德·翁塞尔德和温弗瑞·梅宁豪斯。肖勒姆教授在耶路撒冷和法兰克福花了多时与编者审阅每句译文。罗尔夫·铁德曼的本雅明和阿多诺著作编排是编辑工作的优秀典范，他允许我用他自己手定的本雅明日记文稿，这对我的定稿帮助不可估量。还在学生时代，苏尔康普出版社（Suhrkamp Verlag）的翁塞尔德就慷慨地为我提供机会编辑这份手稿。他特别为我提供办公设备，派我去耶路撒冷与肖勒姆教授一起审订手稿的清样。梅宁豪斯（时任苏尔康普出版社编辑）同编者一起审订了原版的每一注释，提了许多有价值的建议。德国学术交流中心（DAAD）给了我为期两年的资助，使这一手稿的编辑工作得以进行。

这本日记的英译本还要感谢安妮·雅诺维兹、理查·西伯斯和琼·科普耶、安妮特·麦克尔森、道格拉斯·克里姆普，以及《十月》编辑部的克里斯托夫·菲利普等人。

柏林纪事

为我亲爱的斯特凡

现在让我回忆一下把这座城市介绍给我的那些人。尽管属于玩着孤独的游戏、在这座城市最中心地区长大的孩子，但涉及其广阔的区域，他们仍需要寻找向导。而最初的向导——对像我这样出身于富裕中产阶级家庭的孩子来说——当然是保姆。她们带我去动物园——尽管我很久以后才回忆起来，记得有锣鼓喧天的军乐队，还有那条"丑闻街"（"新艺术"的追随者们给这条街起的名字）——或者，假如不是动物园，那就是万牲园。我相信当时我一路发现的已谈不上任何居住条件和待客条件，商店之间唯有冷清，十字路口甚至过马路都危险的第一条"街道"便是希尔大街。我喜欢想象这条街比西区其他街道较少改观，现在甚至可以提供势不可挡的雾霭中的景致：拯救"小兄弟"的生命。去万牲园要经过赫库勒斯桥，河岸的微斜也许算这个孩子头一次遇见的山坡——雄狮般高耸的两侧桥石更加深了这一印象。在班德勒大街的尽头便开始呈现迷宫般的所在，不过倒也不乏解谜的阿里阿德涅[①]：弗里德里希·威廉三世和路易丝王后在皇家风格点缀的基座上俯视着鲜花；围绕着两座雕像的薄雾似乎被沙中小溪蜿蜒的印迹惊呆了。我的眼睛寻找的是

[①] 阿里阿德涅（Ariadne）：希腊神话中米诺斯王的女儿，曾给情人特修斯一个线团，帮助他走出迷宫。——译注

基座，而不是塑像，既然发生在它们身上的诸事件从时空上来讲要更近些，就算细节不明。我现在纵使面对万牲园大街前那一副漫不经心的平庸外表，也还是认定这座迷宫有着特殊的意义，尽管没有什么向你表明几码之远，就是这座城市最奇怪的地方。不错，当时，其外表一定与其背后的东西极相符合。因为，就在这儿或者不远处游荡着阿里阿德涅的阴魂，我在她的形象里第一次（从未完全忘记）知道了一个字就能弄明白的东西：爱。当时仅三岁，之前不可能知道。保姆的形象取代了阿里阿德涅的形象，一个冰冷的影子赶走了我爱的东西。假如一个人不知无能为何，他就很有可能掌握不了任何东西。如果你同意这个看法，你也会明白这无能不是与事物奋斗一开始或之前产生的，而是在事物的中心产生的。在柏林，这一情形把我带到生活的中间时期，从整个少年到进大学，这一时期为我在这座城市面前显得无能的时期。这有两个根源。第一，我方向感很差。假如是我能分辨左右之前三十年，假如是我学会阅读城市街道图之前，我可远远无法欣赏自己的笨。假如有什么东西使我更不愿看到这一事实的话，那便是这一切都是我母亲造成的。即便是今天，我仍将自己不会煮咖啡的责任怪在她身上。她喜欢把每一细小的行为都变成对我实际生活能力的测试。每当我陪她在市中心街道上走过（不经常这样）时，我总幻想着违抗她。可谁又知道正是因为这种拒不服从使我目前在多大程度上与这个城市的街道发生关系。毕竟，凝视一番似乎也只能看到收入眼底的三分之一的东西。我还记得母亲最不能容忍的便是每次步行我都迂腐地比她慢半步。我的迟缓笨拙习惯并非因为我蠢，而是形成于这一时期的散步；这一习惯并且很可能使我以为自己很迅捷、灵巧和机敏。

的确，很多年来我都在想在地图上推进自己的生命疆域。我一开始预想的是普通的地图，现在则倾向于参谋部用的市中心地图，假如这种地图存在。这种地图无疑不存在，因为我们不知道未来战争的战区如何划分。我逐渐建立一种标志体系，在这种地图的灰色背景上这些标志五彩缤纷，前提是我得标出男女朋友的家，各种楼堂馆所，从"青年运动"的"争论会场"到共青团聚会之所，从旅馆到一夜风流的妓院，从动物园的很关键的长凳到通往各学校的道路，到我看着填满死人的墓地，到久已被人遗忘的名字常挂在我们嘴边的名咖啡馆，到目前矗立着空公寓楼的网球场，到刷着金粉的大礼堂（舞蹈课的疯狂几同体育场里的活动）。即便是没有这张地图，我们有启蒙前辈给予的勇气。法国人莱昂·都德至少以他作品的标题给了我们示范，他的标题包含我所能得到的最好的东西：《曾生活过的巴黎》。《曾生活过的柏林》虽然不那么好，但也真实。这里与我相关的不只是书的标题；巴黎本身是第四个保姆给予我向导的城市，无论这向导是自愿或不自愿进行的。假如用一个单词来表示巴黎对我的这些断想的作用，那单词是"小心谨慎"。假如不是巴黎，我几乎无法将自己抛给最初城市生活的这些记忆湍流。巴黎在我面前划定两个形式，唯有在这两个形式里记忆之举才能保证完成。假如我没坚定地发誓放弃补偿第一个形式的企图（正如坚定希望有一天会实现第二个），我的记忆之举也无法完成。这第一个形式是 M. 普鲁斯特的作品里产生的。我所生产的这部作品的译文有力地体现着一种克制，克制自己不去逗弄相关的可能性。相关的可能性——它们真的存在吗？它们当然不允许逗弄。普鲁斯特戏笔似的开头后来变得异常严肃。已然开启记忆之扇的人永不会到达记忆片断的尽头。没有什么意象能令他满意，因为他已明白记忆可以展开，而真实只存在于折叠的记忆中。那意象、那味道、那触摸，为了这所有的一切都被展示被分析。此刻记忆从微小深入到最末梢的细节，又从细节到无限小，而它在这微观宇宙中所遇到的东西却越变越大。普鲁斯特的要命游戏就是如此半吊子地开始的；在这游戏里，他几乎找不到所需数目的后来者作为伙伴。

与之（动物园的音乐）完全不同的是另一个公园的音乐；我很小的时候耳朵里就灌进这种音乐。这音乐来自卢梭岛，驶过滑冰环道，在"新湖"上空盘旋，更别提是在了解此人写作风格晦涩之前了。由于所处的位置，这个冰道无法与别的冰道相比，更因为它四季生命繁盛，夏季的情形会怎样？那些网球场。然而在这里，在岸边的树枝下，舒展着一汪湖水，这湖水与迷宫似的水路相连接。此刻人们在小拱桥下滑冰，夏天则有扶栏或狮嘴拴着的链子，看脚下的小船在昏暗的水中划行。湖附近有蜿蜒的小道，更有孤独老人的温柔去处。在沙地的边缘有"仅供成人"的长椅，四周有人为的沟壕，是蹒跚步行的人边想心事边挖的，或者是站久了沉下去的，直到碰上一个玩伴儿，或者被坐在椅子上的保姆吆喝声唤起。她坐在那儿，严肃而用功地读着小说、看着孩子，懒得动一下眼睑直到工作结束，跟长椅那头的护士换一下位置；那一位把孩子夹在膝盖间织着什么。孤独的老年男人找到这里，向生活的严肃一面表示及时的敬意，在这些心不在焉的女同胞中，在孩子的尖叫声中。这生活的严肃一面便是报纸。即便是在这公园的小道上滞留久了，我喜欢的姑娘已然离去，我也不愿待在其他地方想她，只愿坐在玩耍的地方一个无靠背的长凳上。我从没坐在那儿掀沙子。所有这些画面我都保留在记忆里了。不过没有什么比那些带音乐的酒吧更能生动地带回"新湖"和童年时光的记忆了。在冰上孤独地远游一阵后，我的脚上穿着冰鞋，踏着熟悉的木板，跟跟跄跄地走过卖巧克力的机器，走过更妙的卖糖馅鸡蛋的母鸡状机器，走过燃着无烟煤炉的过道，来到这长凳边。在这里可以让脚上铁的分量减轻，在解冰鞋之前，脚还不算落地。假如你此时把一条腿慢慢地放到另一个膝盖上，并且解开冰鞋，这时似乎在原处你长出了翅膀，你迈出步去，脚步向冰封的大地直点头。

接着是我的第五个向导：弗朗兹·黑塞尔。我不是指他的《柏林漫步》，那是后来的。我说的是《庆典》，在故乡柏林收到的，里面写我们一起在巴黎的漫步。似乎又回到那港湾，岸边码头仍潮起潮落，水边是海员们漫步的脚印。《庆典》里核心篇章是那篇《绿草坪》——那写的是耸立在一圈沙发中的一张床。在这张床上我们谱着巴黎曲子的尾声，这尾声不免谦卑，有着东方式的刻板，比起几年前在巴黎享受的那些伟大的睡眠差远了。当时超现实主义分子们不明智地宣誓进入他们那反动的生涯，由此完成着上帝在睡梦中得之的作品文本。在这块"草坪"上我们横陈过回家后想起仍好笑的女人，不过没有几个。在低垂的铺盖下，我们的目光经常相遇，但这也比在刮着穿堂风的过道上、在棕榈树中、在希腊的小村镇里、在窗台上或在壁龛里好，这些地方是"动物园神话"演变的地方，是这座城市学问的第一章。这种情形有些发扬光大的趋势，因为我们都很精明，只从最"拉丁"的区域找姑娘，一般来讲遵守着住在这一区域的巴黎人的风俗。在柏林，这一区域不幸属于富人，"韦丁"、"雪尼肯多夫"和"特格尔"在这方面都无法与"梅尼耶蒙坦"、"奥蒂耶"或"涅伊利"相比。

更让人心满意足的是星期天下午的郊游。一次在莫阿比特区我们发现了一条拱廊街，发现了斯特汀隧道，发现了瓦尔纳剧院前的逍遥自在。同我们一起的有一位喜欢摄影的姑娘。在我思索柏林时，突然想到，似乎只有那次逛的巴黎的那一角才真正适宜摄入镜头。因为，离当前流动的功能性生存状态越近，可拍摄的范围就越小。据观察摄影几乎无法记录某些东西的实质，比如一座现代化的工厂。这样的照片也许可以同火车站相比较。而在当今时代，火车已过时，一般来讲已不再是真正的"城市大门"。城市郊区本该由铁路展开的，辅之以机动车道。车站本该给人秩序，给人一个突然袭击；然而它已过时，像是古董；摄影也如此，连快门都老掉牙了。只有电影还能从视觉上向人展示这座城市的精髓，比如引导机动车驾驶者进入新的中心区域。

第四个向导。[①]在一个城市里找不着道很令人乏味无趣。只要无知就成——用不着别的。不过，在一个城市迷路——就像在森林中迷路。——那就需要交点别的学费了。于是，标牌和街名、路人、房顶、亭子或酒吧一定会同游逛者说话，就像森林里脚下踩得吱吱响的树枝，像远处麻雀的惊叫，像一块空地突然而至的宁静，只有一朵荷花立于中间。巴黎教会了我这种迷路的艺术；它圆了我一个梦，这个梦在学校作业本污渍斑斑的纸页上的迷宫里早就露端倪了。也无可否认我进入了迷宫的最核心位置，米诺陶[②]的内室，唯一不同的是这个神话里的怪物有三个头颅；就是德拉哈普街那个小妓院住着的那些人的头颅。在那儿，我敛聚起体内储存的最后的能量(不完全排除阿里阿德涅的线索)，走了进去。假如巴黎如此回应我不安

[①] 本雅明指巴黎。——编者
[②] 米诺陶（Minotaur）——又译弥诺陶洛斯，希腊神话中牛头人身怪物，被米诺斯王之孙禁闭在克里特岛的迷宫里，每年要吃童男童女各七名，后被特修斯王杀死。——译注

的期望，那从另一面来讲，它超出了我的画面想象。当这座城市在神秘传统的脚步中向我展示自己时，我至少可将这传统追溯到里尔克时代，当时他的保护人是弗朗兹·黑塞尔。巴黎不只是道路的迷宫，还是地下隧道的迷宫。我一想到地铁的地下世界和南北线通往整个城市成百个出口，就想起我那无穷无尽的闲逛。

然而，我童年时期街道意象最佳妙者——比在保姆身边（也许是法语家庭教师身边）看到熊来了还要佳妙——比在希尔大街经过或终止的赛马道还佳妙的是——一定是在1900年左右——一段全然废弃的路之延伸，湍急的水流雷鸣般从它身上流过。我曾经历当地的一场洪灾。不过，从另一个角度看，脑子里有异常事件的概念也与那天的事不可分。我们当时可能是被送回家了。不管怎么说，这一情形留下一个警报。我的力量一定是在削弱，在这个城市的天然沥青路中间，我感到自己暴露在自然力量跟前。在原始森林里，我也不会像在库尔弗斯腾斯大街这么感觉遭遗弃，在这水柱子间。我已不记得是如何够着我家前门上青铜狮子的嘴了。那对铜环此刻成了救生圈。

坐上出租车，倚着脏兮兮的靠垫，沿着兰德韦尔运河一路颠簸奔车站而去，快到尽头时便是我父母的家，每周至少去一次。每周一次在父母客厅里的晚聚会活生生的就在眼前似的。让我感到喘不过气来的倒不是去那儿的日子的临近，或者是离开时的情形，而是在前往的途中一开始就让人觉得这是一种持续行为，那场面不请自来。出租车的目的地一般是在安哈尔站——然后在那儿乘火车到苏德罗德或哈能克里；到巴德萨尔斯希里尔或——后来——弗洛伊登斯塔德。不过现在又变成阿伦其或海林根达姆了，接着是经斯特汀站。我相信自那时起,波罗的海的沙丘风景在我看来似乎就像命定似的呈现在乔塞斯大街上,那满是黄沙色的车站建筑。在我的想象里,墙后便是无垠的地平线。

不过,假如不弄清形成这种意象的媒介,这种视觉的确是误导。姑且以为它是透明的,则无论有多模糊,所现之景的轮廓像是山峰构成的。作者所生活的目前就是这种媒介。在这种媒介里,他通过经验的先后顺序,切入另一部门。他在这些经验中发现了又一轮令人不安的延续。首先是他的童年时期,在他曾生活的区域——往日的或现在的"西区"。在那里,那个认他为其中一员的阶级在自我满足或自我厌倦的状态下生存,把这地区弄成了个出租的贫民窟似的玩意儿。不管怎样,他被束缚在这一股实的一隅,不知道世间还有别的什么。穷人?对他这一代的富人子弟来说,穷人住在彼岸的背面。假如说在这么小的年纪他能描述穷人的样子,那实际上是富人的流浪汉形象,尽管那富人没有钱。描述者也不知其名其根源;被描述者也远离生产过程和尚未被抽象的剥削,他对自己贫困的沉思默想状,一如富人对自己的财富。这孩子第一次涉足贫穷凄惨的陌生世界是在书里(也许只是偶然初涉的领域之一),那是身前身后挂着广告宣传的三明治工,周围的人正羞辱他,根本就不想拿他递出的广告。可怜的人——故事如此结束——悄悄地把所有广告都当废物扔掉了。当然,这种解决问题的方法毫无结果,已经属于蓄意破坏和无政府主义行为,这种状态很难让知识分子看清事物。也许在现实社会生活中同样的蓄意破坏后来甚至在我的举止中有所暴露。如前所述,在城市里漫步顽固地拒绝(在任何情况下)形成统一战线,甚至与我自己的母亲。不管怎样,毫无疑问,初次跨越阶级界限的感觉包含一种无与伦比的好奇,就像公开在大街上与妓女搭讪。开始的时候，这种跨越界限不仅是社会上的，而且是地理上的；就像是在嫖娼之举的推动下整个街道网络都打开了。不过，这真是跨越吗？难道不是在边缘上作顽强的意念上的盘旋？或者说是一种有着最强烈动机的犹豫（那界限的彼岸唯有虚无）？不过，大城市里有无数地方可供人们站在虚无的边缘。出租房屋区门前的妓女和铁路站台前不太喧闹的沥青路上的妓女都像这种虚无偶像崇拜的居家女神。所以在犯错误的道路上，火车站成了我特殊的落脚处，每个车站都有城市般的边缘：西里先站如此，斯特汀站、高利兹站也如此，连弗里德里希大街都这样。

正如童话里有巫婆甚至仙女奴役整个森林的故事一样，我小时候就知道有一条街整个被一个女人统治占据着。她总是女王般端坐在窗台上，离我出生的房子只有一分钟步行路程。她的名字叫勒曼大婶。通往她家的梯子很陡，就在过道的门后面，梯子很黑，只有门开时才亮一点。尖利的声音吝啬地给我们道声"早安"，让我们在桌上放好菱形玻璃积木。积木可以组成一个矿井，矿井里小人儿推着小车，拿斧子干着活，油灯的光柱里只见吊桶上下。在我看来，由于这位大婶和她的矿井，斯蒂格利泽街永远无法以斯蒂格利兹的名字命名。笼子里的黄雀（斯蒂格利兹）比在我看来什么意义也没有的柏林郊区更像这位大婶端坐在窗台上的这条街。它与根锡纳街相连，后者是过去三十年变化最小的街之一。在作为往昔的守护者的不临街的小房间里，无数妓女立了门户；在通货膨胀时期，把这一地区弄成远近闻名的脏闹剧场。不用说，没人能讲清这样的故事：穷困潦倒的人打开客厅的门，他们的女儿则掀开裙子，客人当然是有钱的美国人。

……以这种方式爬上楼梯[①],在我前面只有靴子和屁股以及声声入耳的成百脚步声。我似乎记得自己常常深恶痛绝这种群体氛围。正如在城市里与母亲散步时感觉一样,孤独在我看来是唯一适宜的人类生存状态。很好理解:因为这帮学童是最无形式最不高贵的群体。他们像本阶级的每一群体一样常常背叛其资产阶级的根源,这根源便代表最不成熟的组织形式;在这种形式里,每个成员建立着相互的关系。终于进入视线的走廊和教室也是在我心中根植而抹不去的恐怖事物,也就是说,它们会在我的梦中出现。这些景象报复着单调冷漠(我每跨进教室的门槛就不禁冷战),把自己表现得淋漓尽致。其背景常常是又要进行高中毕业考试(试题更苛刻了)。我自己的马虎愚笨也让我担心。毫无疑问,这些教室本身就像梦幻。想起每天要爬五次以上的石阶上暗散的湿汗味儿就让我觉得是在做噩梦。外表看起来修得不错的学校在建筑和位置上算是最荒凉的。校徽标志倒是与学术挺相配的,弗里德里希皇帝的塑像,放在操场的边角(不错,在成群的学生玩儿军事游戏时此人便是宠物),可怜巴巴地待在火墙那儿。按校方传说(我没错),这是捐赠物。这一纪念塑像从没人刷洗(不像教室有人刷洗);随着岁月的流逝,像身上积了一厚层尘土。至今它仍站立在指定的位置,灰尘每天从经过的市内火车那儿扬到它身上。我对这条铁路的异常反感很可能从这时开始,坐在车窗前的人们让我嫉妒。他们有资本无视悬挂在我们头上的校钟,没有意识到他们穿过的是时间笼子看不见的栅栏。只有在课间休息时才能看见他们,因为教室窗户的下半部分玻璃都结了霜冻。"漂泊的云,天空的水手"对我们来讲不啻为绝对精确的囚

[①] 手稿此段开头遗失;本雅明谈的是上学的经历。——编者

徒述状诗。除了这些囚禁的象征：霜冻了的窗户和那臭名昭著的门上的木装饰雉堞，我的记忆里没保留多少教室里的东西。当我听说碗橱里也饰有这种东西时我一点也不惊讶；更别提墙上的恺撒画像了，刀光剑影无孔不入。然而，大礼堂里则是一派"新艺术"气象。一件粗糙夸张的装饰品伸着僵硬的灰绿肢体在木墙裙上。它所体现的物质客体没有所体现的历史多；眼睛简直没处安身，耳朵则无望地抛给白痴似的喋喋不休。我也差不多：听一次类似的讲话，几年耳根子都不静。对那些毕业生来说，这是放假典礼。在这儿与另外几个地方，我的记忆里只找到僵化固定的词汇和表情以及诗句，这些东西就像固体冷却后的凝固，保留在我心中，算是大群体和我个人碰撞的印记。正如某种意义的梦醒来后以话语的形式留存，其他内容则消失了；这里，孤立的话语作为灾难性遭遇的标记仍留存原处。对我来说，其中之一便是学校的整体气氛浓缩了。我听说这个学校是我在被送往那儿的头一个早晨。家人抱着试试看的想法把我送到那儿，此前我只接受过私塾辅导。我去的地方后来便成了恺撒·弗里德里希学校，不过当时仍位于帕索尔大街。"小头目"这个词儿至今在我脑中与一个恶心、肥胖、丑陋的男孩相连。最初的上学经历就没有什么别的留存了。六年后，当我头一天出现在陌生恐怖的豪宾达的环境里时，同样的情形又发生了。一个高个子充满敌意的家伙在班上是个人物，他问我"老子"是否已然离去。对这种学生男孩惯常的口气我却全然不熟悉。我面临深渊，却以简单明了的抗议试图越过去。这里的大礼堂写着诗句，学校的合唱队以此唱着告别歌，给那些即将离开学校的毕业生——"兄弟，此时愿我们／成为你的伙伴／在如此广阔的世界"——接下来是包含如下字眼的歌词："忠实地站在你一边。"无论怎样，这些诗句使我能年复一年地衡量我的脆弱。因为，不管学校的日常活动在我感觉是多么的可恶，这首歌的欢快似乎将我带离这无限阴郁的地狱。不过，到唱给我和我们班级听时，这首歌却没给我留下印象，因为我不记得当时的情形了。更动听的歌词是有一次课后在体育馆的更衣室里听到的，从未忘记。为什么？也许是因为"舒尔"——大家这么叫那位知道歌词的大大咧咧的男孩——很帅，也许因为我觉得歌调很真实，但最重要的原因也许是在那环境里这歌唱得恰到好处，唱出了疯狂尚武的虚妄："徘徊在后边／你不必担心／神经衰弱。"

假如我的德文比同代任何作家都写得好的话，那得大抵归功于二十年遵循一小小的规则：除了在书信中，永远别用"我"这个单词。我允许自己违背这个戒律的次数少得可数。这个奇特的结果与那些歌有很密切的关系。当有一天有人建议我写作，并且以松散的专题形式对柏林每天发生的值得注意的一切加以系列阐释时——当我同意这么做时——我突然明白，这一多年来习惯于躲在幕后的主题真不容易亮相。然而，这个主题倒不曾向我提抗议，而是用了些计谋，并且很成功，使我相信回顾一下这些年我眼中的柏林会是这一系列阐释的很合适的序言。假如这篇序言现在远超出了原留给阐释的空间，那不仅是因为记忆的神秘操作——记忆真的有能力对所见所闻进行无休止的插话——并且同时也出于对"我"所代表的主题的谨慎，"我"是不能很廉价出售的。柏林有一地区较之其他有意识的经历对这一主题来说更有密切关系。当然，这个城市也有其他地区给这一主题带来深而沉痛的经历，但没有一个地区自身如此程度地成为事件的一部分。我所指的地区便是动物园那儿。在离铁路高架桥最近的那片房屋背后，有一处叫"相会之家"的房子，这便是我和一名叫恩斯特·乔尔合租的小公寓。我们是如何同意合租公寓的我已记不清了。一定不那么简单，因为乔尔领导的学生组织

"社会工作小组"在我担任"柏林自由学生联盟"主席期间是我攻击的主要目标。乔尔正是作为这个小组的领导签房约的，而我的签字则保障了相会之家"辩论室"的权益。两个小组之间房屋的分配——时间空间如何安排等等——都规定得很尖刻。不管怎样，当时对我来说只有辩论小组重要。

和我一起签房约的恩斯特·乔尔和我之间相处和谐的时候不多。没有迹象表明这位乔尔十五年后会向我揭示这座城市的魔力。他的形象在我心中出现于这样的阶段，只能作为一个问题的答案，这个问题便是四十岁时作一生最重要的回忆是否太早了点儿。因为，这一形象已然是个死人的形象，谁知道他能怎样帮助我跨过这道门槛，带着哪怕是最外表事物的记忆？他又没有别的办法可入其他门槛。在曾经有过其他门槛的人里，我是唯一仍然保留这个途径的人。我永远也不该以为我得通过地形上的这条途径寻找他。假如我回想一下十多年前第一次朝这个方向试跑的情形，我先前那篇短文似乎要比较好一些。那是在海德堡，毫无疑问正在忘我地工作的时候，想是在总结自己对抒情诗本质的思考。研究的对象是我的朋友弗瑞兹·亨勒。"相会之家"所发生的一切都是围绕他进行的；一切的消失也是因他而起的。弗瑞兹·亨勒是个诗人，是我唯一不在"真实生活"中遇见、而是在他作品中遇见的诗人。他十九岁就死了，无缘深入了解。同样，我初次努力通过诗歌领域来了解他的生活并未成功。由经验的直接性而致的我的讲座不可抗拒地让听众不懂并引来他们的势利语言。他们是到玛丽安·韦伯的家听我的讲座的。无论记忆最终有多么的模糊，对"相会之家"的房间叙述多么的不清，我今天似乎更有理由尝试勾勒死去的诗人曾居住过的外部空间，也就是"分配"给他的房间，而不是他从事创造的内心空间。也许那只是因为在他生命关键的最后时刻,他横越了我出生地的空间。亨勒的柏林是"相会之家"的柏林。在这一时期,他住得离此很近,在克洛普斯多克大街一幢房子的四层楼。我曾经在那里拜访过他,那是我们之间发生严重分歧之后长久不来往以后的事。即便是今天我也还记得那消解几星期不快的微笑,那微笑便成了治愈伤口的魔方,无关紧要的话就此免了。后来,就是那封催醒我的快信到来的早晨(信上写着:你会发现我们躺在"相会之家")之后——当亨勒和他的女朋友死去后——这一地区在一段时间内仍是活着的人相会的地方。然而,今天,当我回想其旧式的公寓房,许多夏天时落满尘土的树,穿行的市政铁路那阴冷的铁石构件,那少得可怜的公共汽车,兰德威尔运河(将这一地区同莫阿比特无产者住宅区一分为二),施洛斯帕克街美丽但稍显密集的树,那说不出有多粗野地在五星形路口横冲直撞的打猎人群——今天,宇宙的这一点,我们偶然开办的"相会之家"之所在对我来说已是最严格意义上的柏林资产阶级最后一批真正的精英所占据的历史上的一刻的图解。它离"大战"的深渊很近,就像"相会之家"离兰德威尔运河的陡峭斜坡很近一样。它与无产阶级青年不沾边,正如这一租赁公寓区与莫阿比特的房子不沾边一样。这些房子是同类房子的最后一批,正如居住在这些公寓的人是最后一批该类人一样。这类人能以慈善之举来平息被剥夺者的怨气。尽管——也许正因为——如此,毫无疑问,柏林这座城市从未再强行介入我的生活。此前是强行介入过的,在那个时候,我们都相信可以无动于衷地离开它,除非它的学校有所改善,除非学生的父母不再那么非人道,除非这个地方能接纳荷尔德林或乔治这样的字眼。这是最后一次英勇的企图,企图在不改变环境的情况下改变人们的态度。我们那时不知道它注定要失败的,不过即便是知道也改变不了我们的决心。今天，和当时一样清楚，纵使是基于完全不同的推理，我明白"青春的语言"应当站在各种活动组织的核心。那晚的斗争似乎集中了我们全部力量，听众的不理解所预示的失败的阴影也似乎感觉得到；我们的无能表现得再真实不过了。我此时此地想起的是亨勒和我之间在《行动》[①]编辑部发生的争论。原先的日程表上只有我的题为"青春"的演讲，我想当然以为在演讲前发言稿应该事先发给最核心的圈子。然而，少有的事发生了，亨勒提出反对意见。不管是他想发言，还是想把我拒绝的对我发言的修改强加给我——反正是大吵了一通，像类似场面发生的那样，每个与会者都被卷了进去——站在亨勒一边的是三姐妹[②]中最小的那位。我们周围最重要的事件总是与这三姐妹有关。如像一个犹太寡妇同三个女儿生活在一起这一事实对一个严肃地倾向于废除家庭的团体来说，代表着合理依据，人人可以此发动进攻。简而言之，这位姑娘重申了好朋友的要求。不过，我并未准备屈服。于是，那晚在《行动》编辑部，在惊讶不已但并不太被俘获的听众面前，两个同题演讲、几乎相同的文本被宣读了。事实上"青春运动"所涉及的范围并不比这些演讲的微妙领域大。今天想想这两篇演讲，我倒愿把它们比作传奇神话中的阿尔戈英雄和辛普盖英雄之间的冲突岛屿，没有船只能平安通过，因为彼时彼地，爱和恨之海都在翻腾。当时资产阶级知识分子的集会比现在要司空见惯得多，因为他们当时还未认识到自己的局限。然而，可以这么说：我们当时感觉到那些局限了，即使在认识成熟之前经过了许多时间。我们认识到必须砸烂需求不正的国家，

[①]《行动》(*Die Aktion*)，一本有着革命倾向的政治杂志，1911年由弗朗兹·芬弗特创办，致力于文学与视觉艺术革命。——编者

[②] 特劳特、卡拉和里卡·塞利格森三姐妹。——编者

才能改善学校教育和母亲的家园,我们是在举办各种讨论时认识到这些局限的。在这些讨论会上,我们当中的年幼者谈到在家里所受到的虐待。父母们在起居室里看似和蔼,但骨子里所想与我们希望反对的没有什么不同。当我们中年长一些的人在啤酒馆里举办文学沙龙时我们也感到了这些局限:有那些侍者在,一刻也不能说处于安全。当我们在装饰优雅的房间里接待女朋友时,我们也感到这些局限:没有自由去锁门。在与公共场所的拥有者打交道时,在与守门人打交道时,在与各种关系和保护人打交道时,我们同样感到这种局限。1914年8月8日,我们中跟死去的一对儿最亲密者不愿离去直到他们被埋葬。当这日子终于来到时,我们只能在斯图加特广场一家下等铁路旅馆里寻找可怜的躲避之处,这时我们也感到了局限。连墓地在我们心中也充满了这座城市制造的局限:居然无法将这一对儿安葬在同一公墓同一墓穴。我稍后的另一认识也酝酿于这些日子;我心中植入一个信念:柏林城也不能免于一场为更佳秩序而进行的斗争。假如今天我偶然走过这一地区的街道,我会像走进一个多年不造访的阁楼一样感到不安。有价值的东西也许就在那儿,但没人记得具体方位了。真的,这一高耸着公寓楼的死寂地区如今是西区资产阶级的邻居。

那个时候柏林的咖啡馆在我们的生活中还扮演着角色。我仍记得第一次有意识地进咖啡馆的情形。那是较早的事了,当时刚毕业。维多利亚咖啡馆,我们第一次集体活动凌晨三点在这里结束。这家咖啡馆已不复存在。它的位置——在弗里德里希大街和安特登林登一角——已被新柏林一家最吵闹最豪华的咖啡馆取代。与新的相比较,旧的在当时无论怎样奢华,它显现的是枝形吊灯、镜子墙和豪华舒适岁月的魔力。这个老维多利亚咖啡馆当时是我们最后一站，无疑至此我们的组织行将解散。咖啡馆的座位一定有一多半是空着的——无论怎样今天透过意象的薄纱我能隐约确定，除了几个妓女外，没有别人。这些妓女似乎独享着宽敞的咖啡馆。我们并没待多久，我现在记不得是否我付了维多利亚咖啡馆的账。第二次光顾后不久，这家咖啡馆就消失了。当时泡咖啡馆尚未成为日常需要，因此柏林不算是让我养成这个坏习惯的城市，尽管我的坏习惯后来没少体现于这座城市日后的去处。久而久之，在真正的咖啡馆着实有意识地寻求了生活的乐趣。我们光顾的头一家咖啡馆，与其说是休闲的地方，毋宁说是战略决策地。我在此准确无误地亮出它的名字：众所周知，直到一战岁月，波希米亚的总部是昔日的"西区咖啡馆"。在八月的头几天，我们正是坐在这家咖啡馆。在蜂拥而至的自愿推荐者所推荐的诸多"营地"中选择合适的营地。我们决定选择贝勒阿兰恩斯街上的骑兵营地。在随后的一天我准时到了，内心却对尚武没有丝毫热情。无论思想上多么有所保留，我只是想在不可避免的强制征兵中不失去朋友，于是挤在兵营门口的人堆里有我。我承认只过了两天：8月8日，我便在头脑中驱逐了这座城市和这场战争，并且久未回心于这座城市。我经常在"西区咖啡馆"见到亨勒；通常我们很晚在那儿相遇，大约十二点钟。我不能说我们与文学界的波希米亚分子关系密切，他们是整天整夜都在咖啡馆过的。我们的组织是自给自足的组织。我们的"运动"的范围不同于周围已解放的人们的世界，因此与他们的联系转瞬即逝。一段时期内两边的居间人是弗朗兹·芬弗特，《行动》的编者；我们同他的关系是纯马基雅维里式的关系。此外，拉斯喀—舒勒曾拉我到桌前谈过；韦兰·赫兹菲尔德，一位青年学生也在那儿露过面，还有西蒙·古特曼，我稍后还要谈到他。不过，这份名单已是我们窄小的世界的

213

疆界。我相信在这家咖啡馆里我们是个异数。对许多宗旨不一行动的狂热重视、自由学生联盟的组织和辩论会的发展、在学生大会上发表的演说辞、对有需求的同志的帮助、对纠缠于友谊或爱情难题的苦恼人的关心——所有这一切都使我们有别于周围自我满足自以为是的波希米亚分子。亨勒与他们中的一二位更熟些，如画家梅德纳，曾给他画过像的。不过，这一层关系对我们来讲仍没有什么结果。接下来是有一天在瑞士，我从报上读到"西区咖啡馆"已关门的消息。在这家咖啡馆里，我从没感到自在过。那个时候我尚不热衷于等待，而没有这个，一个人是没法彻底享受咖啡馆的魅力的。假如我在某个晚上在烟雾笼罩的沙发上望着烟圈绕梁而上等待着什么的话，那无疑是热切地期待着辩论室里某种妥协的结果，或者说是紧张又达到无可忍受的极致而请来一位居间人，等待他的调停结果。我越发喜欢上隔壁那家咖啡馆了，我开始光顾这家咖啡馆是在我下面要讲到的这一时期。这家咖啡馆的名字叫"公主咖啡馆"。为了创造一门"咖啡馆地貌学"，首先从最低处划等，要看其专业和娱乐设施。然而，假如撇开随行业路子设立的最无耻的娱乐场所，很显然在大多数旅馆的发展过程中，这两个功能是巧合的。特别能说明问题的例子便是"罗马咖啡馆"的历史，从"西区咖啡馆"的业主驱逐自己的客人时开始算。不久，"罗马咖啡馆"安顿了这帮波希米亚分子，在战后最初的几年里，他们感到自己是这家咖啡馆的主人。现已不在的侍者理查德是个传奇人物，还负责分报纸。此人是个罗锅，因名声不好在这些人里极受尊敬。他是这些人占着上风的象征。当德国经济开始复苏时，波希米亚小圈子显然失去了表现主义革命宣言时期围绕在他们头上的咄咄逼人的光环。资产阶级修正了自己同"咖啡馆大佬"成员（人们这么称"罗马咖啡馆"）的关系，发现一切又都回到了正常。这个时候,"罗马咖啡馆"的地貌开始变化。"艺术家"们退居二线,越来越变得像室内陈设的组成部分,而由股票投机商、经理、电影和戏剧经纪人、有文学头脑的职员为代表的资产阶级开始占据位置——消闲的位置。对白天踏进办公室、晚上踏进家门久而久之形成习惯的大都市公民来说,要想根本上变一变就得投入另一个世界。这个世界越有异国情调越好。其实,他们的家庭和办公室就在色彩无限斑斓的社会环境中,于是他们选择了艺术家和罪犯聚集的酒吧。从这个观点看,两者之间的区分是不大的。柏林咖啡馆的历史大抵上是一部不同阶层人的历史。先征服领地者有义务为逐渐逼近的人让路,让别人走上舞台。

对亨勒和我来说,这样的舞台就是"公主咖啡馆"。我们习惯于做小包间的客人。所谓小包间也几乎是字面上说说。这家咖啡馆是那时热门的室内装饰人和广告艺术家吕西安·伯恩哈德设计的。这种设计给客人留下充裕的舒适角落。从历史角度谈,这种设计间于"单间"和咖啡厅之间。这种设置的主要用途因此很明显。我们光顾一次后,在一段时间里定期去那儿,当然是因为那些"野鸡"。亨勒当时曾写过一首"公主咖啡馆":"咖啡馆的门通过歌声带人凉意。"我们并没打算在这家咖啡馆结交朋友。相反,这里吸引我们的正是将我们与世隔离的氛围。我们与这座城市文学圈的每一点不同都是我们所喜欢的。这一点不同当然尤为如此。并且,那当然与"野鸡"有关。这种状态导致青年运动走入地下层面,其间有一段是在哈楞西的一个艺术家画室里,我们稍后还要谈到它。常来的S.古特曼先生很可能时不时地也在此同我们见面。一如通常的情况,我对此一点记忆也没有,此地更比他地甚,人物先于地点隐退,两者都没那间孤独的圆形小屋(上面提到的"小包间")在记忆中那么生动:紫罗兰色的帘子,紫罗兰色的光,许多座位总是空的,一对儿一对儿人总是尽量不占别人的空间。我曾称此圆形剧场为"人体解剖学校"。后来,当这一时代久已结束之后,我夜晚常久坐在那儿,挨着一个爵士乐队,悄悄地摊开纸页,写我的《德国悲剧的起源》。有一天,一项新的"改造"实施了,"公主咖啡馆"变成了"斯坦因威咖啡馆",我于是中止前往。今天,它已沦为一家啤酒屋。

再也没有什么音乐能像动物园附近咖啡餐厅之间那条"丑闻街"那两个管乐队所奏的音乐那样具有非人道并且无耻的品质了;这种音乐驱使潮涌的人群徜徉于此。今天,我终于明白这股潮流的根本驱动力。对居住在这座城市的人来说,再也没有比这儿更高明的学习调情的场所了。这里被牛羚和斑马栖息的沙地包围着,有兀鹫和秃鹰筑巢的半裂枯树,有鹈鹕和鹭鸶孵卵的地方。这些动物的鸣叫与鼓乐敲打之声混在一起。在这种氛围里,小伙子的眼光头一次落在一个走过的姑娘的身上,与此同时他却更起劲地同朋友交谈。如此举动旨在既不让眼睛欺骗自己,也不让声音欺骗自己,好像他一点也没看她。

那时,动物园在李希腾斯坦桥那儿还有个入口。在三个大门里,它是最少被人利用的,可以通往公园最荒凉之处:一条有着带奶白色圆球枝形烛台的通道,像威斯巴登或皮尔蒙某条荒凉的散步小径。在经济危机使这些地方变得如此人烟稀少、弄得似乎比罗马胜地还古老之前,动物园的这一死角便是未来的意象,一个预言的所在。必须考虑有这样的所在,真的,就像原始人声称某些植物有神力一样,因此一定也存在具备神力的地方:也许在荒凉的散步小径或树顶上,尤其是小镇里的,靠墙的,与铁路一个平面的十字路口的，更尤其是将一个城神秘地分成几个区域的所在。李希腾斯坦就是这样一个门槛，在西区两个公园之间。似乎在两个公园最近处，两边的生命都静止了。这种日常的荒凉更容易被记得阿德勒舞厅过道多年节日般热闹夜晚的人敏锐地感觉到。那家舞厅现在也像这个久闭的大门一样废置着。

语言清楚地表明，记忆不是探索历史的工具，而是历史的舞台。记忆是以往经验的媒介，正如土地是埋葬消亡城市的媒介。试图走近自己被埋葬了的过去的人必须扮演挖掘人的角色。这与真实的回忆的调子和表面是相符合的。必须不惮于一遍又一遍地回到同一件事情上。将它揉碎就像揉碎土块；将它掀起，就像掀起土壤。因为，那事情本身只是一种储存，一个层次，只服从于最细微的检视，检视土壤中埋藏的真正的宝贝：意象，从较早的联想截取的意象，像收藏家画廊里的珍贵残片或断肢——这些东西就在我们日后理解的平淡空间里。不错，要想成功地挖掘，就得制定一个计划。在黑暗的土壤里挥锹也不可不小心。假如只是记录一份所发现之物的清单，那便是大大地欺骗了自己，必须把发现地所给你的暗喜也记上。没有结果的搜寻与成功的搜寻一样频繁。因此，记忆一定不能以叙述的方式进行，更不能以报道的方式进行；而应以最严格意义上的史诗和狂想曲的方式进行。要将铁锹伸向每一个新地方；在旧地方则向纵深层挖掘。

不错，这个城市的无数事物的外表仍像我童年时那样存在。尽管如此，望着它们沉思默想时，我没有与童年时代相遇。我过于经常地注视它们，因为它们曾是我散步和思索的舞台和布景。少数几个地方——尤其是圣麦修广场的圣麦修教堂——显然是这样的。我小时候真的经常去遥远的角落吗？我还知道有这样的所在？说不清楚。今天这教堂对我来说，全赖自己的外表：两边有两个尖顶的教堂，赭黄色砖构筑的。这是一座旧式教堂，就像许多旧式建筑一样：虽然在我们眼里没有年轻过，在我们小时候甚至不认识我们，但它们对我们的童年了如指掌，也因为这个我们爱它们。假如我有勇气走进我曾走过千百次的某个前门，我便会以很不同的一种方式面对那个时代。旧西区里的一个前门。不错，我的眼睛不再能看见它，或者那幢房子的外表。我的脚底无疑会先告诉我（一旦我把门关上），在这破损的楼梯上，他们走的是老的陈迹；而假如我不再跨过那房子的门槛，那是因为担心与这楼梯的内部相遇，这里隐藏着识别我的力量，而房子的外表久已失去这种力量。同有着棱子的窗户一样，它仍旧是原样的，纵使是起居处全变样了。心跳的间隙充满荒凉的诗句，在我们精疲力尽驻足于楼层之间梯子上的时候。它们从木板处闪出光亮，在光亮里一个长着核桃棕色眉毛的女人手上拿着高脚酒杯从壁龛里浮出；与此同时，我书包的碎片切入我的肩膀，我被迫读道："工业点缀着城市的居民，劳作的回报是恩赐。"外面也许下着雨，一个彩色的窗户开着，伴着雨点的节奏继续向上攀登。

    警句：啊，烤糊了的凯旋柱
      带着孩子的糖，来自冬天。

  我从未在柏林的街上睡过觉。我曾目睹日落和黎明，但在两者之间，我给自己找了个栖身地。在有些人眼里，贫穷或罪恶把这座城市变成了一道风景，他们在这道风景里从黑暗流连到日出；只有这些人知道我所不知道的东西。我总是找得到自己不再去第二次的地方，有时是落后而不为人知的所在，还不是独自前往的。假如夜晚在一个过道驻足，那便是因为我的腿被街道的纽带缠住了，而将我从缠绕中解脱的往往不是最干净的手。

回忆，即便是最泛的回忆，也不总能累积成自传。即便是与我特别有关的柏林岁月的回忆也肯定不能累积成自传。因为，自传与时间有关，有前后顺序，是生活连续流动的过程。我在这里所谈的是空间、瞬间和非连续性。因为，即便是岁月出现于此，它们也是以回忆的瞬间形式出现的。这种奇异的形式——可以称为飞逝或永恒——都不是构成生活的东西。其展现的不太属于我自己的生活在此扮演的角色，如柏林我身边最近的人扮演的那种角色——无论是谁，是在什么时候。这座城市的气氛只赋予着它们短暂而空幻的存在。它们像乞丐一样沿墙偷窃，气冲冲地出现在窗前，随后又消失，守护神般在门槛那儿嗅闻。即使是在整个区域贴满它们的名字，也只能像死人墓碑上所刻的名字。喧闹、事实上的柏林、工作中的城市和商业的都会，比其他城市多而不是少那些地方和瞬间，它有着死亡的证据、表现也充满死相。对这些瞬间、这些地方的含糊意识也许比其他东西更能与童年的记忆相吻合。这种特性如半忘的梦境一样瞬息万变。因为，童年没有先见之明，对生活一无所知。（尽管很有保留）童年是紧依附在死亡之域的，它从死亡之域突然进入活的疆场，依附生活本身。一个儿童在多大程度上能够着过去是很难说清的，要看许多事而定——时间、环境、自身的本质和教育。我自己对柏林的感觉是有局限的。我的感觉并不囿于斯特拉陶市场和1848年的弗里德里希几个事实——因为地貌传统代表着这片土地与死亡的联系——我的局限完全是因为我父母的家庭都不是柏林土著。这一点就限制了童年的记忆——正是这一局限，而不是童年经历本身使后来的事昭然若揭，无论界限划到哪里，19世纪后半期当然还在这个范围内，随后的意象都属于此，不以一般重现的方式，而是以如下所说的意象出现：按照伊壁鸠鲁的教导，这种意象往往脱离事物本身，并决定着我们对它们的看法。

首先，别让人以为我们在谈论一家市场（室内市场）。不，它的发音为"Markthalle"①。这些单词都被说话的习惯侵蚀了，不再具有原来的"意思"。散步的习惯也将所有意象都磨损了，因此也没有什么符合买卖的原始观念。

在我们身后的那块地就是前院，院门是沉重的弹簧门，很危险的。我们现在走在旗方石头上，上面有泔水和鱼水，很滑，也很容易踩在胡萝卜和生菜叶上。在铁丝网分隔的摊位上都编有号码，网后藏着胖大婶们，她们像维纳尔—西里斯的女牧师，其实是田野树木长的一切水果的供货人，卖着一切能吃的鸟类、鱼类、哺乳动物，就像做淫媒的老鸨。她们又像穿着羊毛的不可及的巨人从一个摊位到另一个摊位地交换震颤的手势，大珍珠母纽扣或装满了钱的袋子。难道她们的裙边下面没有冒泡？这还不算真正肥沃的土地？难道没有一个市场的上帝亲自把货物装到她们腿上：草莓、甲壳纲动物、蘑菇、肉菜？这些东西同放下它们的人同居一个空间，没精打采地、默不作声地盯着家庭主妇们时断时续地前来，后者负着菜篮和大包小包，吃力地在他（它）们面前运行，脚底下是臭名昭著的滑溜巷

---

① 指德文 Markthalle（市场）的发音。——译注

道。不过，假如在冬天，傍晚煤气灯初上，你马上便有沉沦的感觉，越发明白在这轻脚慢步里，有着海一般的深度，虽然玻璃似的水面浑浊而潺湲。

我越频繁地回到这些记忆里去，就越觉得人们在这些记忆中所扮演的微不足道的角色不是偶然的。我想到一天下午在巴黎，我突然得到一种启示，于是对自己的生活有了诸多见解。正是在这天下午，我的履历同周围的人，朋友、同志、激情和爱情的关系才以最生动最隐蔽的形式交相展现在我眼前。我对自己说也只有巴黎，那里的墙壁和码头、驻足之所、艺术收藏和垃圾、栏杆和广场、拱廊和货亭能传授一种独特的语言，在笼罩着我们的孤独中，在我们对万物的沉浸中使我们同周围人的关系达到一种睡眠状态的深度。在睡眠中，梦的意象等着向人们展示他们真正的面目。我希望写这个下午，因为它使城市给人想象保留的是什么样的饮食起居是如此的明显。同样明显的是：人们在城市里相互进行着最无情的要求，在城市里约会、打电话、开会、访问、调情、生存斗争，让人无暇敛心默祷。为什么城市本身却在记忆中免于受罚？为什么它从我们的生活中编织出的面纱所揭示的人们的形象不如我们与他人或自己相遇的实地的形象多？在问题中的那个下午，我坐在圣日耳曼—德斯—普瑞斯的德斯杜赫马哥兹咖啡馆，当时我在等——忘了是谁了。突然有一种迫人的力量让我想起为自己的生活画一图纸，同时明确无误该如何画。我以简单的问题质询了我过去的生活，答案似乎顺理成章地写到了随身带的一张纸上。一两年之后我把这张纸弄丢了，好不心疼！自此我再也没能像初悟那样把它写成原来的样子，写下来的倒像思想家族的系列。然而现在，在不直接重现它的情况下再在思绪中重构它，那简直就像在谈论迷宫了。我并不关心迷宫的内室安装了什么，自我或者命运，但进入内室的通道却越发多了。我称这些通道为最初熟识的人，每个通道是我所遇熟人的图像象征；我不是通过其他人与这些人相遇的，而是通过邻居、家庭关系、同学、误认的同道、旅伴之类与他们相遇的——几乎数不胜数——就是这样的情形。有多少最初的关系，就有多少通往迷宫的通道。不过，既然他们中的大部分——至少是那些仍保留在记忆中的人——还自己结识新朋友，与新人建立关系，一定时间后他们就会将通道分叉出去（男性也许向右，女性也许向左）。这些体系中是否产生交叉关系要看我们一生的道路交织的程度而定。然而，更重要的是这种计划的研究所提供的惊人见解：它揭示着个人生活的差异。在按职业、学校、家庭和旅行划分的最初相识的人的不同生活里，是什么在扮演角色？许多旁系的形成是个人生存通过无形法律左右的？有哪些在生活中开始得早些，哪些晚些？有哪些延续到生命的结束，哪些退出？尼采说："假如一个人有性格，他就会一而再地拥有同样的经历。"不管这在大范围内是否正确，反正在小范围内也许有通往（一再）对我们来讲有着同一作用的人的途径：这些途径在生活最不同的阶段总是把我们引向朋友、叛徒、爱人、学生或老师那儿。我的生活图景就是这样向我展示的，在巴黎的那个下午它展示在我面前的样子就是这样的。背景是这座城市，周围的人聚在一起形成一个人形。许多年前，我相信是在战争开始的时候，在柏林，背景是跟我最近的人，事物也相约形成一种象征，同样精彩的象征。是一种四环徽标。它把我带到柏林库弗格拉本区的旧房屋那儿。这些房屋外表平实而有绅士风度，有着宽阔的过道，也许是辛克尔时期的产物。当时在其中一座房子里住着一位显赫的古董商。他没有陈列橱窗，你得进房子里去欣赏。有几个展柜，所展的有史前的胸针和扣子、隆巴耳环、晚期罗马项链、中世纪硬币和许多类似的宝贝。我的朋友 A.C.[①]是如何找到他的，我不知道。不过，我记得当时的全神贯注劲头。我当时刚研究过阿洛斯·李格尔的《晚期罗马艺术业》，带着这本书的印象，我琢磨着那些金铠甲和镶嵌着石榴石的手镯。假如没有记错，我们是三个人：我的朋友、他当时的女朋友或多萝茜·J. 太太和我。C. 提出看耳环——希腊和文艺复兴时期的多彩浮雕饰品、帝国时期的耳环，通常是半宝石上刻出的。他最终买的四件东西每一件都印在我脑子里不可忘记。除了不知去向的那一件，其余的都还在当时买的人想送的那些个人手里。一件是明黄色带烟色的黄玉，是多萝茜·J. 选的。工艺为希腊风格，微小的空处画着丽达在她分开的大腿间接纳那只天鹅，真是典雅极了。我不太能欣赏那块紫色宝石，那是捐赠人恩斯特·S.〔肖恩〕为我们共同的朋友选的：一位 15 或 16 世纪的意大利人在上面刻了个风景轮廓，莱德热说是庞贝城。然而，最后两个戒指却异样地让我动心。一件本是打算给我的，不过我只拥有了它一小会儿；真正的命定对象是通过我给我当时的女朋友格瑞特·R.〔拉德〕。这是我所见最奇特的戒指，是由一块坚硬的石榴石刻出，形状是美杜莎[②]的头。这是一件罗马帝国时期的作品，所镀的淡红银不是原来的。戴在手指上，这个戒指似乎是图章戒指中最完美的。只有把它脱下来你才会进入它的秘密，可以对着灯光反复琢磨那美杜莎的头。石榴石的不

---

① 阿尔弗雷德·科恩。——编者
② 美杜莎（Medusa）：希腊神话中三个蛇发女怪，原是风俗女子，因触犯雅典娜，头发变成毒蛇，凡看她一眼的人都变成石头，后被波修斯杀死，头颅装在雅典娜的盾上。——译注

同层面透明度不同，最薄处是如此的透明，以致泛着玫瑰晕。蛇的阴郁身体似乎在两只深而发光的眼睛上腾空而起；两只眼睛从一张脸上向外望去，眼睛下面是黑紫色的脸颊，眼光再次缩入夜色。事后我多次试图用这块石头盖印，但结果证明它很易碎，需要最细心地保存。把它给出去不久，我就与它的新主人断了关系。我的心已随四个戒指之最后一个而去，送戒指的人是给他妹妹留的。这位姑娘当然是这个圈子命运的核心，尽管多少年后我们才意识到此。因为除了她的美——她的美本身并不令人晕眩，只是不含糊，也不光彩照人——她没有什么可以注定位于舞台的中心。事实上，从最严格的意义上讲，她从未成为人的核心，而是命运的核心。似乎是她植物般的消极和内向安排了后者——在一切人文事物里，命运似乎最服从于植物的法则——把后者都集中到她的周围。当时其一部分在发芽，另一部分则在休眠，需要许多年才可以枝叶的形式出现在光天化日之下，这个命运事实上是她以妹妹的爱的温柔充斥了哥哥的一张关系网，与哥哥两个最亲密的朋友建立了一种联系——那收了庞贝城戒指的人和我——她最终嫁给了与哥哥结婚的女人的兄弟，后者是她第二任丈夫[1]。——而她就是在我提到的那天从我手里接收带有美杜莎头像的戒指的人。没过多少天，我又送了一只天青石戒指，还有一只用叶子包成花环的笛子，上面刻着——在第四只戒指之后，致戴它的人——这样一首十四行诗：给永远被戒指环着的你的手指[2]……

---

[1] 朱拉·科恩嫁给了弗雷兹·拉德，后者的妹妹格瑞特·科恩成了阿尔弗雷德·科恩的妻子。——编者

[2] 本句在页尾无标点而止，下文显然丢失。这首十四行诗可能系本雅明作，但未保留下来。——编者

绿色的松树林里分发财宝的巨人[1]或满足人愿望的仙女——这样的人在我们一生中至少出现一次。但是，只有星期日的孩子们记得他们的愿望，所以只有少数人在一生中能够获得愿望的满足。我知道这样一个愿望，这个愿望对我来讲得到满足了。并且我不愿声称它比童话故事里孩子们的愿望要高明。这个故事要追溯到我很小的时候，多少与冬天的每个早晨的六点半钟被提经我门口的灯有关系，在黑暗中灯把保姆的影子映到房顶上。炉子里生着火；不久在红红的映光中，窗户格子被反射到光光的地板上。室内的温度——晚上在床褥的热度，早上炉火烧的热度——使我加倍地迷糊该起床了。这时我却只有睡个好觉的愿望。这一愿望伴随了我整个上学时期。这一愿望不可分割的仆人却担心上学迟到。我今天仍能感觉到，当我经过塞维格尼广场时的那种厌恶情绪；步入我家住的卡梅尔大街，我在可恶的钟显示十点到十二点之间那出神的空隙里阅读自己的判断力。在这样的冬日里活跃在我心中的愿望或者在稍后极度疲乏中升腾的愿望都得到了满足。我下午从沙发床上起身，因为还有一堂体育课。只是我不总能认识到这种满足，尤其是在寻找工作（资产阶级所谓的工作）不成的时候。

也有另一种声音保存了不可解的神秘：对孩子来讲，成年人的语言具有这种神秘。感谢岁月匆匆，这另一种声音既没有经过我的嘴唇，也没有进入我的耳朵。不久前我重新发现这种声音。在我决定写下这些回忆录的过程中，这种系列的细微发现起了很大作用。我的父母很有钱，我们每年搬家，在我上学之前之后都这样，每年夏天还有临时的外出旅行，到离家不远的夏日别墅去。先是波茨坦，

---

[1] 见豪夫的童话《冷酷的心》。——编者

后是纽巴贝尔斯堡。后者仍在我记忆中留有许多印象，也许有更多的东西可讲——大盗入门那晚，我父母亲把自己锁在我房里；在格瑞布尼茨湖畔与父亲肩挨肩钓鱼、孔雀岛之行给我的生活带来第一次大失望，因为在草地上找不到大人保证说有的孔雀羽毛——与之相对照，波茨坦的夏日全然从记忆中消失了，除非我能找到割龙须菜的记忆——我初次的也是唯一的对农活的热情——那要追溯到布劳豪斯堡那儿的花园。我泄露了关键字眼，就像玫瑰露中无数花瓣，成百个夏日都保留在它们的气味中，没有形成、没有颜色，连丰富多彩都没了。这个关键的字眼就是布劳豪斯堡。要遍览它包含的一切几乎是不可能的。在孩子和成年人语言区域间疆界所存在的这些字眼可与马拉美的诗相比，当诗被阅读后变得虚无缥缈时，诗的语言和亵渎之词的对立就显现了。同样，布劳豪斯堡一词也失去了一切分量，不再有丝毫的"酿造"一词的含义。它至多是蓝色所笼罩的小山，每年夏天耸起，给我和我父母一个居住的地方。

我青少年时期父母财政来源的经济基础一直是个秘密。也许不只对我这个长子来说是个秘密，就是对母亲来讲也是个秘密。当然，这种情况在犹太人的家庭很合规矩，在许多基督教家庭无疑也如此。更令人好奇的是，消费行为也笼罩在深藏着收入与财富的神秘中。不管怎样，我记得但凡提到一定的供方——他们称之为"财源"——总是有某种开场的肃穆。不错，的确存在着不同。承办日常所需之物的人不再属于那个秘密的范畴，倒是母亲带我和弟妹们"进城"时我母亲常去的在柏林享有长久声誉的公司有点神秘兮兮。这种去处总是固定的：衣服在缪勒公司买，鞋在斯蒂勒公司买，箱子在马德勒公司买；这些事都办完后在希尔布里希公司点上一杯热巧克力加惯奶油。这些采购的地方都是严格按传统划定的——不像是同商人的联系，那是我父亲的责任。我父亲具有体面而文明的素质，克勤克俭，是个有着企业精神的大商人。由于不得志，他很早就退出自己并非不胜任的一家公司——莱普克艺术品拍卖行，他是合伙人之一。他撤出股份之后，越来越想将资金用于投机性的投资；从这时起他越发对在家中进行交易更感兴趣，我一点都不吃惊。有一点可以肯定，他由此找到的财源间接地与他的投资有关。因此，假如从我母亲的购物能看出柏林传统而正式的商业世界形象的话，那我父亲的暗示和指示则导致未知而略带欺世的形象，这种形象的高大完全因为这些名字在家庭餐桌上被提起时的那种权威腔调，事实上我也从未见到过这些公司，别的公司我倒见到过。头一家要算莱普克拍卖行本身，我父亲不仅与之有联系，而且还不时从那儿买回东西。我怀疑类似交易让人开心合算，除了他买的地毯。在父亲死前不久他曾对我说，假如他的鞋袜薄一点，他能用脚拇趾辨别地毯绒毛的质量。然而，在我的童年，给我印象最深的是想象父亲拍卖时相伴的木槌起落。后来，当他从莱普克撤出之后，木槌总是放在他桌上。即便是我从未听到过槌击的声音，另一种声音变得与父亲权威和辉煌的形象融为一体了——或者说是与这种行业的人的形象融为一体了。简直令人难以置信，我母亲用来切蛋卷的刀子的声音（给父亲上午上班去准备的食品）到最后一刮的时候与蛋卷的酥脆声相连，那刮就是为了去掉粘在刀上的黄油。这个信号是父亲一天劳作的序曲，对我来说，就像日后戏剧开场钟声一样令人激动。除此以外，父亲职业的象征还可以从我家公寓里那个大锚看出，它几乎跟真的一样大，放在一只缩小了十三倍的船上，船左侧有一只可以取出的桨，右侧放着一只金碗。这件艺术品是木制的，铁锚是黑色的，

227

船桨则是彩色的，外表涂着清漆。整个组装显得很匆忙，现在我不能断定是否存在第二只铁锚；想象中是有的，但不知原件是否有，或是想象的产物。关于莱普克拍卖行就说到这里。此外，还有一个艺术品供应商至少就青铜器而言，它是格拉登别克公司。我不知道这一选择是否也受商务关系的远近影响。然而我家漱口水的供应肯定与这种关系有关，大瓶里装的过氧化物都是我父亲当经理的"医药商店"来的。另一方面，较少透明度的是与斯塔贝尔纳克公司的事务，这家公司许多年来一直是在无竞争对手的情况下垄断着我家公寓的装修。中间商似乎是一家建筑契约人公司，其中一名经理阿尔特格尔特先生扮演着合伙人的角色，在电话中与我父亲进行了无数次交谈。他的名字之所以保留在我记忆中是因为他的儿子是我同班同学，在班上名声最臭。除了吃饭时的谈话，只有电话能让我们熟知商业和商人的神秘世界。我父亲经常打电话。父亲的外表很谦恭，只有在电话上表现出与他的有时很巨额的财富相吻合的气度和决断。在与中间商的交谈中，这种能量并非不经常发扬光大；"生活的严肃的一面"在父亲的活动中棱角清晰，在与电话接线员的争吵中体现其实在的象征。我童年时电话开始被使用，我于是知道它被钉在过道的一角。当它在黑暗中尖叫时，柏林那所公寓可真叫恐怖，从半点着灯的餐厅经无尽的过道到里间卧室都让它惊起。当我的同学朋友在两点到四点的违禁时间里打电话来时，这部电话就成了炼狱的机器。我父亲所有的神秘交易并非都是通过电话进行的。从一开始他就——像许多不总感觉婚姻如意的丈夫一样——有一种倾向，在家庭经济的某些方面独立行事。因此他在外省有许多关系，主要是在汉堡郊区，经常有人叫他外出谈生意。霍尔斯坦黄油和秋天的野鸭都是这路财源上来的，几成定例。此外，酒是一家柏林公司供的，我父亲的手里有他们的股票。这家公司名为"中央葡萄酒批销商"公司，他们在酒业里尝试新的核算方法。最后，在父母商量事情时，这些名字都搅在了一起，还有其他一些名字。父母两边的柏林中产阶级传统是趋同的：公证方面的契约找奥伯涅克咨询，经营管理由莱因操作，舞蹈课委托夸里奇来上，家庭医生是仁弗斯，至少只要他还住在同一栋房子里①；约瑟夫·戈尔施密德是我们的银行家。我长久以来奢望父亲能在某个晚上把家庭的欢乐同他那能满足各种其他家庭需求的生意和谐地结合起来。大约在 1910 年，在西区的路德街上立起一家联合企业(这座楼现在尚包括斯加拉"冰宫")，我父亲是成员之一，并且拥有相当股份。一天晚上，我不记得是开业那天还是后来的某天，我父亲想起带我去那儿。那"冰宫"不只是柏林第一家人造溜冰场，而且还是红火的夜总会。我的注意力与其说在冰场上绕圈滑冰，不如说是在酒吧的特异景色里，我能从圆圈观台的一个包厢里轻松地观察到此。这特异景象中有一位穿着非常紧身的、白色的水手服的妓女。我虽不能跟她说一句话，但在随后几年里，她的形象决定了我的色情幻想。

在那些早年的岁月里，我对这个"城"的认识只是购物的去处。也就是在购物的场合我初次明白了父母的钱能为我们在商店柜台、店员、镜子和我母亲评估的眼睛之间打开一条通道；我母亲的手笼就放在柜台上。在"新衣服"的羞辱中，我们站在那儿，手偷偷地伸出袖子，就像肮脏的价格牌子。只有在甜食店里我的精神才又打起来，感觉躲过那虚假的崇拜了。这种崇拜堂而皇之地在那些偶像

---

① R. 仁弗斯教授住在内特尔别克街 24 号。——编者

前羞辱我的母亲，偶像的名字包括曼海默、赫佐格、以色列、格森、亚当、艾斯德斯、马德勒、艾玛·贝蒂、巴德和拉奇曼。攻不破的群山，不，是商品的洞穴——那就是这座"城"。

有人认为他们在传宗接代里找到了命运之门的钥匙，另有人在星象中，还有人则还是在教育中。对我来说，我相信我的明信片收藏给我日后的生活增添了不少见地。但愿我能再翻看一下这些东西。对这一收藏做出主要贡献的是我的外祖母，一位决断而有创业精神的女人。我想我从她那儿继承了两样东西：一样是喜欢送人礼物，另一样是喜欢旅行。假如第一样热情与圣诞节——不提童年对柏林简直无法想象圣诞节——有关尚可怀疑的话，那么有一样是肯定无疑的，就是说小时看的儿童历险记书籍没能引起我旅行的热情，我外祖母从远方给我寄的明信片（大量的）才真正引起我对旅行的爱。我们对某个地方的向往如同这个地方的外在形象一样决定了这个地方的命运。我该说说这些明信片。它们在我内心唤起的是向往吗？难道它们的磁性般吸引力没有大到让我希望到那画儿上的地方一游？因为我置身于——塔巴尔兹、布林迪西、马多纳·迪·坎皮格里奥、韦斯特兰；我注视着这些地方，不忍离去，注视着覆盖着红草莓色泽的塔巴尔兹山坡林地，注视着布林迪西的漆成黄白色的码头，注视着马多纳·迪·坎皮格里奥那蓝上加蓝的圆屋顶，注视着"韦斯特兰"浪波剖面的弓形。去看老太太时，她总是在铺着地毯的靠窗凹室里待着，窗前有扶手栏杆，眼睛向布鲁米肖夫街望去。很难想象她是如何在斯坦格尔旅行社的带领下去远洋旅行的，甚至还骑骆驼。她是个寡妇，我小的时候，她的三个女儿都嫁人了。第四个女儿我一无所知，但对她在母亲的公寓里所占的那间房子却所知甚多。不过，也许我该先说说这套公寓。我能用什么样的字眼来描述这些屋子散发出的几乎无以铭记的资产阶级安全感呢？也许用"矛盾"这个词儿比较合适：特殊的保护观念似乎直接与它们的缺点相关。充斥着这许多屋子——十二间或十四间——的家什如今即便是二手家具店中最次者也能配套供应。假如这些短命的样式比替代它们的"新艺术"要更扎实些的话——让你感觉自在、舒适、安慰的是它们身上所特有的无动于衷，岁月缓慢地流逝，它们把未来托付给物质的耐用本身，无处可去做理性的计算。这里起支配作用的是如下事物：无论它多么顺从时尚之微念，总的来讲它却充满自信，相信自身的永恒经得起时间的考验、传代的考验、迁徙的考验，离终极永远不远同时又远离终极，终极似乎便是一事物的尽头。在这些屋子里，贫困是没有立足之地的，甚至连死亡也没有地位。没有给死亡安排地方——所有屋子的主人死在医院里，而家具则直奔旧货商那里。在这些屋子里没有死亡供应——所以白天很舒适，夜晚则成了最压抑的梦的剧场。也就是因为这个原因，当我想起这幢房子时——布鲁米肖夫街10号或12号——想起童年那么多幸福时光在这里度过，如我被允许边听钢琴练习曲，边翻阅《达令海峡的分水岭》，就坐在安乐椅上——刚开始回想我就遇上个噩梦。醒来时没有印象房子里有楼梯。我的记忆里今天仍保留着那些幸福岁月里所做过的一个鬼魂附体的梦的场景。在这个梦里，楼梯似乎在一个鬼的控制之下，当我攀登时他正等着我，虽然不挡我的路，但在我还有几阶要上时却让我感到其存在。在最后几个阶梯那儿它使鬼术迷惑了我。在布鲁米肖夫街的这套公寓里房间不仅多，而且还都挺大。为了到待在窗户那儿的外祖母跟前，我得走过巨大的餐厅，到起居室的最尽头。只有欢宴尤其是圣诞节欢宴时，才能显出这些屋子的容量。而当这一天到来时，似乎这所房子已在外屋里等了许久。这房子里其他部位在另外的场合也派上用场：已婚的女儿来访能打开许久不用的衣橱；另一间里屋为我们小孩儿开启，假如成年人希望在外屋睡个午觉的话；待字闺中的小女儿上钢琴课能激活这所房子的另一部位。远处不太有人去的屋子最重要者要算那凉廊。也许这是因为这里最少装饰，最不适合成人独处，或许是因为街声隐约传进；更或许是因为它通往后院，满是孩子、仆人、摇手风琴的人和守门人。从凉廊望去可被描述的声音多过形式。像这样体面的住宅区的后院是从不真正地忙忙碌碌的；富人的优游使其工作本身也镇静自若，一切都等待着星期天降临的"睡美人"式的睡眠。因为这个缘故星期天成了凉廊日——星期天，其他屋子都不容它，就像是都被毁了似的。星期天从这些屋子渗漏了，只有凉廊，随地毯一直延伸到院子的凉廊以及有着庞贝似红墙的凉廊能容它，连教堂的钟都不容它。这些教堂——十二圣徒教堂、圣马修教堂和威廉皇帝纪念教堂——整个下午缓慢地肩负起它，越过栏杆，一直堆积到夜晚。我已经说过，我的外祖母不是死在布鲁米肖夫街的；住在街对过的我的祖母也没死在这条街。所以，布街对我来说成了极乐世界，一个死去了但不朽的祖母的身影存兹的无限领域。曾经笼罩在一个地区的想象往往给这个地区的边缘装饰以不可理解、荆棘丛生的褶子，因此，在几十年的过程中，直至今天，这幢房子附近的一家老牌杂货店（在马奇伯格街上）在以往的记忆里从未涉足；这个店成了早逝的祖父的纪念碑，只是因为店主的名字跟他的名字一样叫盖奥尔格。

不过，难道这也不是这座城市：当夜晚我们正"娱乐"时一缕缕夜光映在卧室的门下？难道柏林本身没有进入充满期待的童年的夜，就像威廉·退尔或朱利叶斯·恺撒的世界事后闯入观众的夜？那些夜晚光顾我们的梦之舟一定是在谈话声浪中，或在杯盘狼藉里在我们的床边停下的；黎明，梦之舟于地毯声中弃我们而去，是雨天潮湿的空气破窗而入敲打地毯的，这声音比在男人的记忆中的爱人的嗓音更不易从儿童的记忆里抹去。地毯的声音是女仆（真正的成年人）的下流世界的语言。这种语言在灰暗的天空下显得无精打采、默不作声，有时会抓住时机把别人弄得奔跑如马，就像是她们被鬼魂追逐了一样。庭院是这座城市向我的童年敞开自己的地方之一，其他容我放我的地方则是火车站。离开时，这座城市展现的是广阔的景象，好不气派。铁路在雾霭中交汇，好像没有比这交汇处更遥远的地方了。然而，一回到家，一切又不同了。照着我们的依旧是庭院窗户那孤寂的灯光，还往往没有窗帘，依旧是肮脏的楼梯；依旧是挂着破布的地窖窗户。这是我从哈能克里或西尔特返回时这座城市向我展现的后院情形，再次向我关闭它们，从不让我看个究竟或让我进去。不过，每次旅行这最后五分钟的可怕情景已映入我的眼帘。也许有人看这些情景就像是看颓垣上的后窗，夜晚降临，一盏灯站立在这后窗上。

我的明信片册里有些背面的文字在我的记忆里比正面的画儿还恒久。所有的文字都有漂亮的落款"海仑·普法尔"。她是我的第一个老师。在知道学校的年级之前，我早就被她带进我那个"阶级"孩子们的亲密关系中，尽管"阶级"[①]一词儿二十年后我才稔熟。我记忆中的两个姑娘的名字当时在我们圈子里便属于上等阶级人家的

---

① 英文里"班级"（Class）与"阶级"（Class）是同一单词。——译注

孩子。她们的名字叫伊尔丝·乌尔斯坦和路易丝·冯·兰道。我不知道这些兰道家的子弟属于贵族的哪个等级。不过，他们的姓对我很有吸引力——我有根据说——对我的父母也很有吸引力。但是，这很难说是他们家族的姓仍然未从记忆中抹去的原因。与其那样说，不如说这是我第一次听到某个姓名同死亡联系在一起。就我所知，那是我离开那个小圈子不久。后来，每当我经过鲁佐河岸时，我的眼睛会搜寻她的家。毕业的时候，我写了第一篇哲学论文，题目是《贵族气断想》。除了开篇提到的品达的姓，我第一个同学的迷人姓氏不声不响地列在其中。普法尔太太的姓在诺希先生的姓之后，后者我只能单独面对。他是我的学前教师，我父母本打算送我上他所在的学校的。他的教导并不完全合我的意。有时我也跟他调皮捣蛋。我至今仍记得，一天在赫克利斯桥上听说诺希先生取消了次日的课时那种上帝赐我全能之力的感觉。当时我知道我该把这种感觉归功于什么，而可惜现在我已忘了那魔方。当我开始上学后，诺希先生在课堂上的表现比他与我单独相处时给我的印象深。那经常发生的鞭打更是让这些印象活现。诺希先生热衷于用棍子抽打。他还受托教我们唱歌。就是在这唱歌课上，他向我展示了一个我们从童年起就知道的关闭着的大门；我们那时就被保证那门后是通往日后真实生活的路。我们当时都在练习唱《华伦斯坦兵营》里的铁甲骑兵之歌："骑上战马，忠诚的朋友骑马远去，到自由与勇敢的阵地／在那儿人的价值超过尘土／心／在平衡中仍有分量。"诺希先生要同学们告诉他，最后几个字是什么意思。当然，没有人能回答。这是令孩子们愚钝的人为问题之一。我们的困惑似乎最合诺希先生的意，他直截了当地说："你们长大后就会明白了。"现在我已长大了，已经进入诺希先生指点给我的门径；然而，那门仍紧闭着。当时我还不打算走那道门呢。

雾气很重的夜晚的灯光有着巨大的光环。我最初看戏的印象便是小时候这些大光环中产生的。最早看的是一场"猴子戏"，也许是在"菩提树下"演的。我是被前呼后拥着去的，因为父母亲和祖母都想看看我第一次看戏是怎样个情形。真的，在刺目的光环里，我无法辨明哪儿是光源，舞台上到底在演什么。座位、灯光和人的脸映红映灰一团如云，根本就盖住了舞台上猴子的胡闹。随后六七年的戏剧演出我尚能重述，但也说不了多少——在苏德罗德的斯巴剧场看的《淑女们的男人》，我在柏林最早看的戏是《威廉·退尔》，在肖斯皮尔豪斯看的马特考斯基演的《菲耶斯特》，在歌剧院看的德斯汀演的《卡门》。后两个戏是我祖母带我去看的，所以不仅节目热闹，而且环座给人印象很深。我则更喜欢《威廉·退尔》，因为其剑客侠气至今仍未从脑中消退，并且事先知道故事大概；同一晚上其他演出则不再记得了。一定是那天下午我和母亲之间出现了不同意见。像是要完成一件我不喜欢做的事情。我母亲终于想出办法对付我。她说除非我听她的话，否则晚上把我留在家里。我服从了。但是，我的感觉却是这种威胁掷地有声。我衡量了两种对立的力量，马上看出另一面的分量有多重，因此默默地忍受了粗野的程序；这个程序所下的功夫与目的不成比例——因为那目的是一时而起的，而所付的代价却是母亲拟给予我的那个夜晚的恩惠；我今天知道，当时也预计过，这种恩惠是深刻而永恒的——这种被误用并被侵犯信任的感觉在我心中留存至今，而此前当天所发生的事则不记得了。许多年后再次证明对一件事的预料比实际发生的更有意义更久于记忆。我小的时候，最渴望的就是看凯恩兹表演，但他的特邀演出都是在我上学时进行的。只有早上预先订票才有可能买到我能支付得起的座位票，所以我的愿望多年来一直未实现。无论如何，我的父母也未帮我实现愿望。一天——不知是因为预订票是在星期天还是别的什么原因——我终于早早来到售票处，诺伦多夫广场剧院的售票处是也。我站在售票处前——似乎记忆要给主题加个序曲——等着，胸有成竹，但不是为了买票。此刻记忆中止了，只在我爬上当晚环座的台阶时又捡起了线索，在《理查二世》演出之前。记忆再次出现的是在礼堂的门前，"此路不通"？不错，我眼前出现的是戏剧的一个场面，但完全中断了，不知是这场演出还是另一场；到底看没看凯恩兹的表演也不得而知；或者他的表演取消了，或者觉得他不如想象中的那么好；总之，他演出的形象，整个夜晚都从记忆中消失了。因此，无论最初看戏的记忆走到哪里，我面对的总是不确定。到最后，什么是梦，什么是现实都分不清了。我与母亲在冬天一个黑夜里去看《温莎的风流娘儿们》倒是真的。我真的看了这部歌剧，在类似人民剧场的地方。那是一个热闹而欢乐的夜晚，但一路上倒是挺安静的，大雪覆盖着的陌生的柏林在汽灯光里向我展现。这一景象之于这座城市的关系就像我明信片上那令人羡慕的景象之于明信片的关系一样，有一种不为人知的东西。比如，深蓝色背景中呈淡蓝色的哈尔门。贝尔阿兰恩斯广场掩映在周围的房子中，满月当空。明信片上端月亮和窗户那一角磨损了，形成对照的白色破坏了画面，只能举到灯下或蜡烛光下去看，或者靠着窗户，借泻进的月光一睹本色，如此整个画面又恢复原来面目。也许那晚我们去听歌剧是使这座城市突然泛出异样的光的原因，也许只是我散步后做的一个梦，记忆取代了曾经的现实。

恺撒·弗里德里希学校的建筑一定与我脑中的布兰登堡哥特式

砖构相符。无论怎样，那是红砖建构，表现了对司汤达或丹吉尔等城市常见的主题的偏好。整个来讲，给人一种头重脚轻的印象。这座建筑紧挨着市政铁路区，孤零零的像个悲伤的处女。也许它的外表比我在里面的体验更未在我记忆中保留丝毫快乐。自离开它之后，我从未想过要回去。我已谈过一路去学校的情形。假如掐着钟点到校门，或者没有足够的时间——可怕的后果倒也没什么——在门口的文具店买个量角器或绑练习本散页纸的橡皮筋、封缄纸什么的——假如那守门人只获准提前十分钟开门的那大铁门还关着——那等候在门前一定是忧郁且抑闷的，那是在市政铁路的拱桥下啊，火车是从这里走过克涅斯别克街的。除了风驰电掣般的火车强吹掉我的帽子，我得自己小心外，另就是老师们走进走出（当然，他们任何时候都可随意进出），别的全无记忆了。

我似乎今天才得以体会到向老师脱帽行礼义务里隐藏着的仇恨和耻辱有多深。在我私人生活领域里却有必要以此动作来认可他们，这简直有点霸道。稍保持足距离的军人式的致敬倒是我不反对的。但像对某种社会关系或朋友似地问候老师似乎有点不伦不类，就好像他们要在我家里开学校似的。仅这一点就能看出学校是多么不得我心。就算是我体验过学校纪律的老一套——杖笞、换座位、或放学留下——都是些低级办法，那些年他们对我的恐吓、给我的身心笼罩的阴影从未从我记忆中抹去。惩罚升级、一年往家带四份表现报告，其重要性里含着这种恐惧和阴影；更具体更惊人的细节里也含着这种恐惧和阴影。持续的教学过程中不时插进点别的什么，令我莫测高深地休克和困惑——比如郊游、比赛、一年一度柏林地区学校间的竞赛，以决定囚笼中的最佳队伍。不用说，我从不属于很少成功的校队。不过，在这种场合进行全校动员时，我是参加了的。

比赛一般在五月或六月进行，在勒尔特车站附近的某个场地或训练场。天气照例是骄阳似火。我紧张地走下勒尔特车站，不太明确地朝我依稀记得的方向走去，结果发现自己走进陌生的学生队伍中去了，感觉既轻松又反感。从这一刻起我便不停地犹豫困惑：是去找自己学校的队伍呢？还是在荫凉的地方歇一会儿；是不越过操场找个卖东西的摊位买点水果当早饭呢？还是装出一副并非无所谓的样子凑到一个知道当日比赛结果的人那里了解一下情况，好在回家的路上跟同学们交换对比赛的看法，尽管我对这些结果并不了解。最令人讨厌反感的倒不是这些比赛参加的人多，而是那场地。那不经常有人走动的宽路都被栅栏挡住了，栅栏把操场还围了起来，操场成了排练队伍的场所。那些日子我多想放松一下紧张的身体，哪怕在树荫下待一小会儿或在卖香肠的小摊那儿待一小会儿，如此我便会被这地方的力量征服十年，也许还不得不去当兵。恺撒·弗里德里希学校在萨维尼广场的市政铁路附近。在萨维尼广场车站上，你可直看到下方的操场。一旦从那儿解放出来，我则有机会经常这样俯瞰这操场。现在这操场在我眼里一无用处，就像过早而非专业地发掘的墨西哥神殿，其久经风雨侵蚀的壁画经挖掘时修补可能增添些光彩，但风化则将更严重。我所能做的只是接触今天复活了的东西，已不完整的零碎内部构件，而整个来讲，站在我面前的这个学校的内部细节已消失得无影无踪了。第一个重现的碎片当然是我在校期间最不注意的雉堞墙顶，教室的墙上全是这个砌成的。也许这并不难解释。因为，进入我视野的一切迟早对我有用，成为把它们扫进遗忘的海洋的思想或观念的一部分。这狭窄的雉堞被日常潮汐的健康节奏驱逐了无数次，直到它像一只贝壳那样搁浅在我白日梦的海岸。此刻我途经它，把它捡起来，像哈姆莱特对着骷髅那样对它发问。

如我说过的，这雉堞代表一系列战斗。在它们之间可以看到的不是空无一物的空间，而是同一块木头，只是有了铁凹。筑这雉堞的用意让人想起城堡的守护者。至于他与回忆有什么关系那是另一个问题。在任何情形下，这雉堞更让人感觉在关闭的门后人们在早晨做紧张的弥撒：实际上是教室在上课。在工艺美术教室的门上，雉堞成了团队团结的象征。在教室的柜子上我又与它相遇，不过在老师办公室的墙上，并排的柜子则更一致地强调了雉堞的象征意义。在第一、第二、第三种形式里，在架上许多小衣小帽的领域里，其影响消失了。在高年级它暗示着"毕业考试"的临近，就要给高年级的劳动者卫冕了。不过，在这些地方，意义和理性的东西一点也与它不沾边。它那走廊墙上说不出来的灰绿色点缀、铁栏杆上荒唐的金属纹饰仍然是我恐惧和噩梦的避难所藏身处。不过，除了尖声提醒上下课时间的校钟，还没有什么能与这雉堞相比。这信号的音色和长度一成不变；尽管如此，第一次钟声的开始和最后一次钟声的结尾显得是多么的不同——要描述这种不同便意味着揭开七年紧罩在每一天上的纱布。在冬天，钟声响时往往灯还开着，但一点也谈不上舒适安全，就像牙医就要做手术时往人嘴里照射的灯光。两次铃响的间隙是课休时间。在第二次铃响之前，成群的学生窸窸窣窣、叽叽喳喳地涌过仅有的两扇门，挤在每一层楼的过道里。我总是恨这些楼梯台阶，因为不得不在牛羊似的人群里向上攀登，眼前是成片的屁股和脚丫，挤在我身体四周的人体发散着躲不掉的异味儿。有时迟到了，经过空旷的过道，独自急匆匆地爬上楼，气喘喘地走进教室；这也没减轻我对它们的恨。假如这发生在老师的手放在门把上之前，尽管他就要来了，也能在他看见你之前溜进去。然而，假如门已关上——则无论别的门开得有多大也不行。即便是你在老师关门的那一刻上下走过，在老师说开始上课那一刻进去，则无论过道的哪一位陌生老师的眼光掠过你有多么无碍，一旦你鼓足勇气开门，里边的审视目光也是躲不了的。

在我无穷尽漫步所经过的街道之一，多年前我便惊异地发现第一次性骚动，而且是在最奇怪的情况下发生的。那是在一个犹太历新年，我的父母为我安排了去参加某个圣典。也许是在改革后的犹太教堂里举行的什么活动。我母亲的家庭传统赞同参加类似活动，而我父亲的出身则更倾向他出席正统教仪。然而，他得让步。因为母亲托付一个亲戚带我去教堂，我得去他家迎他。不知是因为我忘了他的地址或是因为我对这一地区不熟，反正是越走离目的地越远。让我独自去教堂简直是不可能的，因为我根本不知道在哪里。这种糊涂、健忘和尴尬无疑主要是因为我不喜欢等着去参加的宗教仪式，无论是从家规的角度，还是从宗教的角度。就这么走着走着，突然一个念头自发地袭来：一方面是"太晚了，仪式早就结束了，永远也到不了那儿"——另一方面则是觉得这一切毫无意义，随遇而安吧。这两股意识不可抗拒地汇成巨大的快乐。居然对宗教仪式亵渎似地无所谓，却对行进中的街道大有兴趣，好像街上那拉皮条的仪式我早就熟悉似的，我内心的一股冲力似乎觉醒了。

我家"夏天的居处"先是在波茨坦，然后是在巴贝尔斯堡，从城市的角度看，这些居处是在外面，而从夏天的角度看，它们是在里面：我们被夏天笼罩着。我必须将它与记忆脱离，就像一个人随意从一个洞穴的墙上于黑暗中蹭下的一块青苔一样，感觉湿乎乎的一股咸味。有些记忆保存得特别完好；因为，尽管它们本身未受影响，却被随后的一股冲力孤立隔绝了。与后来的记忆接触并未使这些记忆磨损殆尽，它们仍独自存在，自给自足。当我谈起这些夏日时，第一个类似记忆便出现了：那是在我7-8岁时的一个夜晚。我们家的一个女仆在铁门前站了许久，这扇铁门前是种着一排树的人行道，我不知道那是些什么树。我经常徜徉其间的大花园已经（对我）关闭了，园里的植物已长出围栏。是上床的时候了。也许我刚玩完我最喜欢的游戏，用我的"尤利卡"手枪射橡皮子弹，好像是在铁栅栏边的树丛里，靶子是木鸟，被子弹击中了，倒在后面涂了色的叶子上，这些鸟是用绳子拴在叶子上的。一整天我都在保守一个秘密：前一天晚上做的那个梦。那是个可怕的梦。一个魔鬼出现在我眼前。其实，它活动的地方并不真正存在，但很像那个我够不着但又怪挠心的熟悉地方。那是我父母卧室的一角，有一拱门将之与室内其他地方隔开，挂着厚重的淡紫罗兰帘布；我母亲的睡衣、休闲衣和围巾都挂在那里面。帘布后的黑暗深不可穿透。这一角的凶险黑暗与我母亲偶尔打开的亚麻衬里柜子的明快形成对照，后者白边镶蓝，绣着席勒作品《钟》的词句；一层层架子上堆放着床单、桌布、餐巾和枕套。柜门里挂着的绸帘色彩夺目，有一股甜香味儿。这是天堂和地狱之别，家园和荒野之别，只有转轮上的古代魔术可以来回这么变。此刻我的梦从恶世界而起：一个魔鬼披着各种绸布在马凳上忙活着，绸布一条盖着另一条。魔鬼在偷绸布。它并未拿起就走，其实并看不见它要拿它们干什么，但我知道鬼在偷绸布，正如传说中人们发现一群精灵在宴会；人们知道这些死东西在开宴，只是看不见它们吃喝。我保守的就是这个梦的秘密。第二天晚上我注意到（半睡半醒中），我母亲和父亲在非同寻常的时辰悄悄地来到我的房间。我没看见他们锁门。第二天早上起床后，居然早饭没东西吃。这所房子的一切都没了。中午,我祖母从柏林带回一些生活必需品。晚上无数盗贼光顾过这所房子。幸亏他们的喧闹声暴露了人数,我母亲得以拦住父亲,父亲拿着把小刀就想去对付他们。这伙人的冒险持续到差不多凌晨。我父母徒劳地站在黎明的窗前,向外界发着信号:这帮盗贼悠然地满载而归。很久以后,他们被抓了。组织者是个杀人犯,被判过多次刑,居然又聋又哑。我感到自豪,因为大人向我问起头一晚上的事情——他们怀疑破门人与站在门前的女仆有关。更让我自豪的是当时我为何闭口不说所做的梦,现在当然终于可以当预感来叙说。

最早接触的书在我眼里是怎样的——要记起这个,我先得忘掉所有别的关于书的知识。当然,我今天对书的知识端赖当时向书敞开自己的从容。现在,内容、主题和题材对书而言是身外之物,从前这些东西可完全是书的身内之物,不会比页数或纸张更独立于书。书中所揭示的世界和书本身无论怎样在那时是永不分离的。所以每本到手的书,其内容、其世界是可感知的。不过,同样,这书里的内容和世界也改变了书的每一部分。它们在书中燃烧,从书中喷出火焰;它们不仅坐落于装帧或插图,而且登基于每一章的开头和第一个字母、段落和栏目。这些书你不是读过去的,而是栖居于字里行间,中断一阵后再打开它们,吃惊地发现自己又到停留过的地方。收到一本新书时的痴迷,就像被邀到一个豪宅小住几周的客人的心情;快速浏览一下书页,就像客人带着艳羡的眼光一瞥一长串贵宾套房,他得经此才能到达自己的房间。真是不忍释手。所以,每年我一发现新的一套《德国青年新指南》,便全然进入封面里的"堡垒"后面(那封面饰有盾牌盔甲),一路找到间谍故事或打猎的故事,一晚上就这么读下去了。没有什么比这初次远征故事的迷宫中找出"房间"和"走廊"里的各种色味形声更好玩的了。在现实中,长篇故事中断多次,作为连载重现,像地下通道一样一直延伸到头。就算是地道里有冲天的气味又怎么样,我们看见球状的东西或水车闪着光,闻到一股姜饼的味道;又好像听到斯蒂文森教堂的头顶缭绕着圣诞歌曲,那教堂的图像在两页纸之间,就像门缝里一瞥的祖先肖像;又好像姜饼的味儿与西西里硫矿的味儿融在一起了,突然像壁画一样整幅地展现在我们面前。不过,在我埋头于书中一阵之后,再回到放满圣诞礼物的桌前,这间屋子就不像从前过圣诞时那样对我必不可少了;我似乎从童话的城堡沿小平台走了下来。

任何人都能观察到我们的印象刚产生时能持续一定时间,而在记忆里印象的命运则不佳。并没有什么阻止我们将停留过二十四小时上下的房间清晰地保留在记忆里,而把住过数月的房间忘掉。假如记忆之盘里没有意象出现,那并不是因为当时的印象不持久。也许更经常的情况是,半遮掩的习惯多年来拒绝给记忆以必要的光明,直到有一天它从陌生的光源中闪出光,就像从燃烧着的镁粉闪出光一样。此刻,闪光刺穿记忆里房间的意象。这也并不太神秘,因为类似突现光明的时刻同时也是我们傍依自我的时刻。我们那惯常的苏醒的平日的自我积极地或被动地卷入所发生的事;更深一层的自我则在另一地方突然被击中,就像一小堆镁粉被火柴的火焰所击中一样。正是因为最深层的自我在突然一击中献身,我们的回忆里才有最抹不去的记忆。所以,假如不是我父亲一天晚上走进我的房间——我已在床上——告知一个人的死讯,我六岁时住过的房间就会被遗忘。其实并不是死人的消息对我有影响:死去的是我远方的表亲。而是,我父亲讲话时的方式……(手稿到此中断——编者)

然而，与记忆的快乐相融合的是另一样东西：在记忆中占有东西的快乐。今天，我不再能分辨它们：似乎目前我所联系的只是瞬间天赐之物的一部分，它也收到了在我看来不会再行全然失去的礼物——纵然是在我想到它的几秒钟内几十年瞬息而过。

我生平第一次失望是一天下午在孔雀岛上碰到的。在路上大人告诉我说草地上能找到孔雀羽毛。我还很少听说这么新鲜的事，就像通了电的两极闪出火花般迅速，我即刻将孔雀岛的名字同孔雀羽毛联系到一起。这种联系倒不是间接得自孔雀的意象，在这一过程中它根本没有份儿。所以当我徒劳地在草坪上寻找羽毛时产生的抱怨性的失望不是冲着孔雀的，那上下走动的孔雀；而是冲着岛屿土壤本身的，叫孔雀岛却没有孔雀羽毛。假如我找到了在草地上翻腾的羽毛，就会感到自己在这里是受欢迎的，人家期待我来。此刻这岛屿似乎未兑现承诺。当然那些孔雀安慰不了我。它们不是让大家看的吗？而我想要只给我准备的东西，别人并不知晓的东西，只有我在草地里能找到。假如不是大地母亲自己招惹的我，我的失望恐怕还不会那么大。同样，假如不是大地母亲让我感到她的赞誉，经过许多折腾才学会的骑自行车就不会让人感到甜美。那时候人们学骑车——那时盛行自行车比赛——是在专门建造的大厅里。这些大厅倒没有后来的冰宫或室内网球场那样势力，倒有点像溜冰场或体育馆，具有的是一种心态：体育和露天不是不可分的；今天体育和露天便是不可分的。那是"体育服装"的时代；不像现在的紧身服装，那时候的运动装不太适合身体的直接需要，而是要尽量体现体育项目的特点，将之置于其他一切之上，正如那些大厅与自然和其他运动隔绝一样。在类似大厅里从事的运动仍有其肇始时期的偏执。

在铺着沥青的地上,在辅导老师的监督下,男人、女人和孩子骑的是一种三个轮子的自行车,前轮比后轮大十倍,气垫座也许是艺术家排练用的。格连尼克果园、施劳斯·巴贝尔斯伯格宽广庄严的道路、我家夏季花园里窄小隐蔽的道路、通往格瑞布尼兹湖绿树成荫的道路、湖边不时现出的防波堤——这一切我都将之视为我的领地,能在幻想中片刻完成无数次的漫步、玩耍和郊游。我以求婚的姿势给大地下跪,就像一个王朝的统治者通过一桩欢娱的婚姻征服无数的领土。

我已谈过那些庭院。圣诞节也基本上是庭院的节日。它在庭院中始于风箱乐器,节前一整个星期拉的是赞美歌,最后是圣诞树收尾,根被切了,倚在雪中或在雨中闪光。不过,对资产阶级子弟来说,圣诞节是一夜之间来临的,它把这座城市一分为两个阵营。这些阵营不是真正的阵营,在那种阵营里被剥削者和他们的统治者不可调和地相互敌对。不,它是这样一种阵营:布置安排得像人造的纸基督塑像或木基督塑像,不过也显得古老而庄严:圣诞节来临了,把这个城市的孩子们一分为二,有人在波茨坦广场逛商亭,另有人则独自在商亭里把洋娃娃和小动物卖给同龄人。圣诞节来了,同来的有另一世界的陌生器物……(手稿中断——编者)

曾经有人描述过"似曾经历的错觉"效果。不过我自己却怀疑这说法是否得当,对这一过程的恰当比喻是否从声学领域找更好些。一个人在讲到经历的事件时应该像是呼唤唤醒的回声,一种似乎在往昔生活的黑暗中听到的声音。假如没有弄错,瞬息进入已然活跃的意识的冲击是以声音的形式敲打我们的。那是窸窸窣窣轻叩的字词，有着魔术般的力量，将我们带入很久以前冰凉的坟墓，"现在"只能从墓拱那儿以回音的形式返回。这暂时抹去的对应部分你仔细琢磨过了吗？我们所遇到的冲力难道像在房里找到的遗忘了的手套或手袋一样只是一种姿式或字词？正如某些东西导致我猜测待在那儿的一个陌生人一样，有些字词或姿式我们推断是隐形的陌生人——未来留给我们保存的。我当时大概五岁。一天晚上——我已经上床——我父亲出现了，也许是来道晚安的。我想多半出于不情愿，他告诉我一个亲戚的死讯。去世的是一个表亲，一个几乎与我无关的成年人。然而，我父亲却详细地讲了情况，并利用这个机会回答了我的提问：什么叫心脏病。我们之间还算能沟通。我并未全然听进那些解释。不过，那天晚上我一定记住了我的房间和我的床，正像一个隐约感到今后会来寻找遗忘之物的人仔细观察某个地方一样。许多年后我发现我忘了什么了：我父亲在那间屋子向我透露的消息之一部分——那病叫梅毒。

图书在版编目（CIP）数据

莫斯科日记·柏林纪事 /（德）本雅明著；潘小松译. —北京：商务印书馆，2012（2020.6重印）
（涵芬书坊）
ISBN 978-7-100-08831-2

Ⅰ.①莫… Ⅱ.①本…②潘… Ⅲ.①本雅明，W.（1892~1940）—日记②本雅明，W.（1892~1940）—回忆录 Ⅳ.①B516.59

中国版本图书馆CIP数据核字（2011）第274983号

权利保留，侵权必究。

莫斯科日记　柏林纪事
〔德〕瓦尔特·本雅明　著
潘小松　译

商 务 印 书 馆 出 版
（北京王府井大街36号　邮政编码100710）
商 务 印 书 馆 发 行
山 东 临 沂 新 华 印 刷 物 流
集 团 有 限 责 任 公 司 印 刷
ISBN 978-7-100-08831-2

2012年4月第1版　　　开本889×1194　1/32
2020年6月第2次印刷　印张8½
定价：60.00元

涵芬书坊

第一辑

001 亡灵对话录	〔法〕费讷隆 著
	周国强 译
002 艺术家画像	〔奥〕里尔克 著
	张 黎 译
003 莫斯科日记 柏林纪事	〔德〕本雅明 著
	潘小松 译
004 哲学讲稿	〔法〕涂尔干 著
	渠敬东 杜 月 译
005 河上一周	〔美〕梭 罗 著
	陈 凯 译
006 致死的疾病	〔丹〕克尔凯郭尔 著
	张祥龙 王建军 译
007 致外省人信札	〔法〕帕斯卡尔 著
	晏可佳 姚蓓琴 译
008 爱之路	〔俄〕屠格涅夫 著
	黄伟经 译
009 地狱 神秘日记抄	〔瑞典〕斯特林堡 著
	潘小松 译
010 传统与个人才能	〔英〕艾略特 著
	李赋宁 译注

第二辑

011 残酷戏剧　　　　　　　　〔法〕阿尔托 著

　　　　　　　　　　　　　　桂裕芳 译

012 道德小品　　　　　　　　〔意〕莱奥帕尔迪 著

　　　　　　　　　　　　　　祝本雄等 译

013 古希腊的神话与宗教　　　〔法〕韦尔南 著

　　　　　　　　　　　　　　杜小真 译

014 克尔凯郭尔日记选　　　　〔丹〕罗　德 编

　　　　　　　　　　　　　　姚蓓琴　晏可佳 译

015 落叶（全两册）　　　　　〔俄〕罗扎诺夫 著

　　　　　　　　　　　　　　郑体武 译

016 我与你　　　　　　　　　〔德〕布　伯 著

　　　　　　　　　　　　　　陈维纲 译

017 人性与价值　　　　　　　〔美〕桑塔亚那 著

　　　　　　　　　　　　　　陈海明　仲　霞　乐爱国 译

018 暮色集　　　　　　　　　〔德〕赫尔姆林 著

　　　　　　　　　　　　　　张　黎 译

019 夏洛蒂·勃朗特书信　　　〔英〕夏洛蒂·勃朗特 著

　　　　　　　　　　　　　　杨静远 译

020 批评生理学　　　　　　　〔法〕蒂博代 著

　　　　　　　　　　　　　　赵　坚 译

第三辑

021 卢梭与浪漫主义 〔美〕白璧德 著
孙宜学 译

022 一个热爱艺术的修士的内心倾诉 〔德〕瓦肯罗德 著
谷 裕 译

023 刚果之行 乍得归来 〔法〕纪德 著
由 权 译

024 浪漫派 〔德〕海涅 著
薛 华 译

025 约翰·穆勒自传 〔英〕穆勒 著
吴良健 吴衡康 译

026 论自然 〔美〕爱默生 著
赵一凡 译

027 桶的故事 书的战争 〔英〕斯威夫特 著
管 欣 译

028 论诗剧 〔英〕德莱顿 著
赵荣普 译
吉砚茹 补译

029 在世遗作 〔奥〕穆齐尔 著
徐 畅 译

030 来自彼岸 〔俄〕赫尔岑 著
刘敦健 译